Paula B. Spielhof

All die Geburtstage

Das erste Aldi-Geburtstagsfeste-Buch

Paula B. Spielhof

All die Geburtstage

Das erste Aldi-Geburtstagsfeste-Buch

leicht basteln – locker spielen – feste feiern

illustriert von

Markus Olivieri & Kristine Gelderblom

BAUMHAUS VERLAG

Paula B. Spielhof lebt, zusammen mit ihrer Familie, in Frankfurt am Main. Sie ist als Autorin wie auch als Beraterin für Unternehmen unter dem Motto „unusual business" tätig. Sie leitet das Projekt *Der Spielhof* ©, das sich in der Hauptsache der Erforschung und Entwicklung menschlicher Fähigkeiten und Talente widmet.
Angereichert mit den Ergebnissen der eigenen Erfahrungen, entstand das vorliegende Buch, dessen Ziel es ist, eine einfache, zeitsparende Planung zu verbinden mit kostengünstiger Budgethandhabung, um eine lust- wie auch sinnvolle Ausgestaltung von Kindergeburtstagen zu erreichen. Denn schließlich soll jeder in der Familie etwas vom Festtag des Sprösslings haben.
Oder, was meinen Sie?
All die Geburtstage ist – nach **Aldi Piccoli** und **Das Elch-Fest** – ihre dritte Veröffentlichung im Baumhaus Verlag.
Illustrationen auf den Seiten 4 und 5: Flora Theresa, 8 Jahre alt.

Die beiden Illustratoren Markus Olivieri und Kristine Gelderblom leben und arbeiten zusammen in der inspirierenden Atmosphäre im Herzen deutscher Natur, im Schwarzwald/Hotzenwald.
Unter dem Logo Ⓔ*eine ARTfirma OLIVIERI & GELDERBLOM* sind sie in den Bereichen Konzeption, Beratung und Realisation im Buchdesign, Merchandising, Messestände und Produktdesign tätig.
All die Geburtstage ist das vierte Buch, das sie für den Baumhaus Verlag illustrieren.

Dieses Buch wurde nach den Regeln der neuen deutschen Rechtschreibung verfasst. So manches, was Ihnen, verehrte Leserin, verehrter Leser, als Satzfehler erscheinen mag, folgt in Wahrheit dem reformierten Regelwerk deutscher Sprachhüter.

ISBN 3-909480-92-6

Lektorat: Sabine Conrad
Printed: Before S.r.l. – Italy

Gesamtverzeichnis schickt gern:
Baumhaus Verlag AG, Vertrieb, Juliusstraße 12,
D-60487 Frankfurt am Main

5 4 3 2 1 98 99 00 01 2002

Inhaltsverzeichnis:

Das Essen für zwischendurch:

Getränke:

Das Abendessen:

Vorwort

Nach unserer ersten Buchveröffentlichung zum Thema „genießen und sparen“ *Aldi Piccoli – Das erste Aldi-Kinder-Kochbuch* waren wir erstaunt und freudig überrascht zugleich über die vielen positiven Reaktionen, die wir darauf erhielten. Und wir fühlten uns, nicht zuletzt durch die Briefe unserer Leserinnen und Leser, ermutigt, weiter über dieses Thema nachzudenken. Ja, wir geben Ihnen Recht. Das Leben besteht nicht nur aus Alltag. Ab und zu gibt es nette Anlässe zum Feiern. Kindergeburtstage zum Beispiel.

Auch bei diesem Buch war es uns wichtig, mit geringem Aufwand und wenigen Mitteln, gut umzusetzende, sinnvolle Rezepte und Ideen zum einfachen Nachmachen vorzustellen. Die Pictogramme wollen Ihnen das Zurechtfinden erleichtern – die Bilderklärung folgt im Anschluss.

Die Rezepte sind jeweils für Festgesellschaften von sechs bis acht Kindern gedacht. Wobei wir die Regel „pro Lebensjahr ein Gast“ immer noch für die beste halten. Ein fünfjähriges Kind feiert also mit fünf Freunden, ein neunjähriges Kind begeht mit neun Gästen seinen Jubeltag.

Ein Wort zu den Gastgeschenken: Es gibt Eltern, die behaupten, wer auch immer die Idee hatte den Geburtstagsgästen Geschenke mit auf den Heimweg zu geben, sei verdammt, in der Hölle für immer und ewig Päckchen zu packen. Auch wir halten diese Gewohnheit zumindest für fraglich. Unser persönliches Anliegen war es, in diesem Buch eine verträgliche Lösung vorzustellen.

Und last but not least ein Rat aus eigener Erfahrung: Wenn die Geburtstagsfeier außerhalb der eigenen Wohnung stattfindet, bedenken Sie bitte, dass Ihr Kind dann kein Heimrecht genießt. Achten Sie also darauf, dass es trotzdem Mittelpunkt des Festes sein darf. Das ist für solche Gelegenheiten auch pädagogisch völlig in Ordnung.

Wir wünschen Ihnen und vor allem Ihrem Kind:
Alles Gute zum Geburtstag!

Symbolerklärung:

Alter

draußen/drinnen

Dauer

Jahreszeit

Die Einladungen

Die Kuchen

Die Spiele

Das Essen für zwischendurch

Getränke

Das Abendessen

Die Gastgeschenke

Das Wind- und Wetterfest

Diese Idee ist gedacht für alle Kinder, die im stürmischen Herbst Geburtstag haben. Nach diesem Fest wird niemand mehr die im Oktober oder November Geborenen bedauern, die angeblich leider nicht draußen feiern können, weil der Sommer vorbei ist. Auch bei dieser Gelegenheit gilt: Es gibt kein schlechtes Wetter, sondern nur unzweckmäßige Kleidung.

Drachen

Die vier Ecken eines farbigen DIN A4-Blattes nach innen einschlagen, so dass eine Drachenform entsteht. Im Mittelkreuz zukleben. Den Einladungstext diagonal auf das Papier schreiben. Der Drachen wird durch einen Schwanz aus Wolle verziert und mit bunten Papierschleifen verschönert.

Schokoladenbrot

140 g Schokolade
Herbe Sahne
120 g Butter
160 g Zucker
80 g gemahlene Mandeln
4 Eier
60 g Sonnenstrahl Weizenmehl

Die Schokolade zusammen mit der Butter im Topf auf mittlerer Hitze zergehen lassen. Von der Kochplatte nehmen, Zucker und Mandeln zufügen. Die Eier trennen, das Eigelb zur Masse geben. Das Mehl mit dem Backpulver gut mischen und unter den Teig heben. Das Eiweiß steif schlagen und vorsichtig unterheben.
Den Teig nun in eine gut gefettete Kastenform geben und bei 180 Grad 45 Minuten backen. Abkühlen lassen und in handliche Stücke schneiden.

Outdoor-Lebkuchen

Karotten schälen und auf einer Gemüsereibe fein raspeln. Ungeschlagenes Eiweiß, Honig und Zucker in eine Rührschüssel geben und schaumig schlagen. Die Karottenraspel zusammen mit Mandeln, Mehl, Backpulver und Ingwer unter die Eiweißmasse heben. Teig auf die Backoblaten streichen und mit den Mandelstiften verzieren. Auf das Backblech setzen und eine gute Stunde in der Küche ruhen lassen. Im vorgeheizten Backofen bei 175 Grad etwa 15-18 Minuten backen. Ergibt etwa 50 Lebkuchen.

250 g Karotten
2 Eiweiß
130 g brauner Zucker
2 EL flüssiger Honig
1 Messerspitze Backpulver
200 g gemahlene Mandeln
70 g Sonnenstrahl Weizenmehl
1/2 TL fein geriebener Ingwer
50 Backoblaten Ø 50 mm

zum Verzieren:
50 g Mandelstifte oder 50 geschälte Mandelhälften

Je nach Alter können die Kinder entweder eigene Drachen mitbringen oder Sie planen das Bauen neuer, fantasievoller Modelle mit ein. Mit Vierkantleisten, Drachenpapier und -schnur und dem nötigen Befestigungsmaterial können die Kinder unter Anleitung einfache Modelle gut selbst herstellen.

Wenn Sie mit kleineren Kindern feiern: Gut geeignet sind Papierflieger und Windräder der unterschiedlichsten Art. Probieren Sie vorher ein paar Modelle aus und schlagen Sie drei bis vier unterschiedliche Flugobjekte vor. Vielleicht mögen Sie mit dem Geburtstagskind die Flieger vorher schon mal ausprobieren?

Mit den Flugobjekten werden dann draußen Wettkämpfe veranstaltet. Wer schafft es, den Drachen am längsten in der Luft zu halten? Welcher Papierflieger fliegt am weitesten? Welcher fliegt am schönsten? Lassen Sie ruhig die Kinderjury entscheiden.

Auch mit Luftballons lassen sich reizvolle Wind-Spiele machen:

Wettlaufen:
Jeweils zwei Kinder versuchen, einen Ballon mit Hilfe eines Holzstöckchens durch einen Hindernisparcours in das vorher abgesteckte Ziel zu bringen. Es darf nicht mit Hand, Fuß oder anderen Körperteilen nachgeholfen werden.

Der Wander-Ballon:
Die Kinder bilden einen Kreis. Jeder Spieler hat zum nächsten ungefähr einen halben Meter Abstand. Nun wird ein großer Ballon herumgereicht. Alles ist erlaubt, nur die Hände dürfen nicht zu Hilfe genommen werden. Ziel des Spiels ist es, dass der Ballon am Ende heil ankommt.

Das Was-gut-fliegt-Spiel:
Es werden zwei Gruppen gebildet, die in unterschiedliche Richtungen losziehen und alles suchen, was leicht fliegt. Ob das Blätter sind oder Vogelfedern, weggeworfene Papiertüten oder auch Mäxchens Halstuch, jede verfügbare leichte Beute wird gesammelt. Wenn alle wieder zusammen sind, wird versucht, die Sachen möglichst lange in der Luft zu halten. Die beiden Gruppen spielen gegeneinander, die Zeiten werden mit einer Stoppuhr gemessen.

Der Knoten:
Ein traditionelles Spiel – gut, wenn's doch etwas kalt wird:
Alle bis auf einen Mitspieler stellen sich im Kreis auf und geben dem linken und rechten Nachbarn die Hand. Auf ein Zeichen verknoten sich die Spieler, indem sie beispielsweise unter den Armen der anderen durchgehen oder über die verbundenen Arme der anderen steigen. Das Kind, das draußen bleibt, muss nun den Knoten entwirren. Einzige Regel: Die Hände dürfen während des Spiels nicht gelöst werden.

Draußen spielen macht hungrig. Halten Sie auf jeden Fall auch frisches Obst nach Saison, wie Bananen, Äpfel, Trauben, Mandarinen bereit.

Drachenschnitten

1 Packung Blätterteig (rechteckige Scheiben)
1 Päckchen Reibekäse
2 Eigelb

Die Blätterteigscheiben einzeln auftauen lassen. Den Käse mit einem Eigelb mischen und auf die Scheiben geben. Einen kleinen Rand frei lassen. Die Ecken nach innen, leicht überlappend einklappen und festdrücken. Mit dem zweiten Eigelb die Außenseiten der kleinen Drachen bestreichen und bei 200 Grad im vorgeheizten Ofen circa 15 Minuten backen.

Früchtepunsch

Westcliff Früchtetee
4 Gewürznelken
1-2 Zimtstangen
2 Pakete Apfelsaft Rio d'oro
5 Orangen, 3 Zitronen
8 EL Honig

Zwei Liter Westcliff Früchtetee zubereiten, Gewürznelken und Zimtstange gleich zum heißen Tee geben. In einem zweiten Topf den Apfelsaft erhitzen und den Saft der Orangen und Zitronen zugeben. Mit Honig abschmecken. Am Schluss beides miteinander vermischen.

Windbeutel mit Kräutercreme

40 g Butter
1/4 l Wasser
1/2 TL Salz
150 g Sonnenstrahl Weizenmehl
3-4 Eier
1/2 TL Backpulver

1/4 l Wasser, Butter und Salz aufkochen. Mehl zufügen und so lange rühren, bis sich der Teig als Kloß vom Topfboden löst. Topf von der Kochstelle nehmen, nach und nach die Eier zugeben.
Mit zwei Teelöffeln kleine Häufchen auf ein bemehltes Backblech setzen und bei 175 Grad 40 Minuten backen. Sofort nach dem Backen die Häubchen von den Windbeuteln mit einer Küchenschere abschneiden und auskühlen lassen.

Eine Füllung zubereiten aus:
200 g Doppelrahmfrischkäse
125 g Magerquark, gut abgetropft
Salz, Pfeffer, Paprika
1 Bund Schnittlauch, geschnitten
1 Bund Petersilie, gehackt

Alle Zutaten zusammenmischen. Mit einer Spritztülle die Füllung auf die Unterteile aufspritzen und die Häubchen aufsetzen.

Natürlich dürfen die Kinder ihre selbstgebastelten Drachen und Flugobjekte mit nach Hause nehmen. Außerdem, und wenn ein Wald in der Nähe ist, kann die Geburtstagsgesellschaft Efeuzweige schneiden und gleich in kleine Plastiktöpfe einpflanzen. Efeu wächst in der Natur schnell nach und im Topf schnell an. Mit Bambusstäbchen und Gartendraht wird ein kleiner Drachen hergestellt, der als Kletterhilfe für die Pflanze dient.
(Bitte achten Sie darauf, dass die Zweige nicht auf Privatgrund geschnitten werden.)

Felix, 1 Jahr

„Mit dem ersten Jubeltag startet im Kinderleben die Serie „Gute Feste – schlechte Feste". Vor allem in den ersten Lebensjahren ist man auf Gedeih und Verderb den Regisseuren dieser Soap Opera ausgeliefert. Der Einfluss auf die Dramaturgie nimmt zwar mit fortschreitendem Alter zu. Jedoch sind beim ersten Geburtstag die Einflussmöglichkeiten des Jubilars auf die konzeptionelle Gestaltung des Events gleich Null.
Der kleine Felix könnte ein Lied davon singen, wäre er der Sprache bereits mächtig. Seinen ersten Geburtstag feierte er kürzlich ganz im Kreise seiner Eltern und lieben Anverwandten. Sein Vater hatte sich eigens einen Tag Urlaub genommen. Seine Mutter war seit Tagen mit den Festvorbereitungen beschäftigt, obwohl sie ihren derzeitigen Zustand mit „urlaubsreif" beschrieb und den Wunsch nach einer ausgedehnten Schlafkur äußerte. Denn Felix hatte seinerseits von Anbeginn an dem Schlaf den Kampf angesagt und hielt kürzere Schlafsequenzen von zwei bis drei Stunden, auch während der Nacht, für ausreichend. Seine Eltern schützten an diesem Tag ebenfalls keine Müdigkeit vor. Es sollte schließlich für alle ein erinnerungswürdiges Fest werden. Kuchen und Torten waren gebacken und hübsch verziert. Salate, Dips und Schnittchen waren fliegensicher und mit Klarsichtfolie ummäntelt kühlgestellt. Säfte, Mineralwasser und eine Flasche Sekt für den späteren Nachmittag füllten den verbleibenden Platz im Kühlschrank. Die Kaffeemaschine gluckerte fröhlich vor sich

hin, der Duft frisch gebrühten Kaffees zog durch die Wohnung. Jetzt nur noch schnell die Sahne schlagen, bevor die Gäste kommen.
Felix benahm sich derweil recht unartig und gar nicht dem Anlass entsprechend. Zwischen Holzautos und Luftballons sitzend, verlieh er seiner Verwunderung darüber, dass heute anscheinend niemand Zeit für ihn hatte, mit quengelnder Stimme gebührend Ausdruck. Seine Mutter rannte leise vor sich hin schimpfend unablässig zwischen Küche und Wohnzimmer hin und her. Sein Vater nahm unterdessen kein Blatt vor den Mund, während er die Tassen aus dem Schrank holte und den Tisch deckte. „Ist dieses Gehetze wirklich nötig? Warum musstest du unbedingt die ganze Verwandtschaft einladen? Deine Mutter und meine Eltern hätten doch völlig gereicht!", schimpfte er in Richtung Küche. An Mutters Tonfall, ihrer stimmlichen Modulation und dem hektischen Geklappere des Hausrats war zu erkennen, dass sie anderer Meinung war.
Das war ein klares Signal für Felix dazwischenzufunken, bevor der beginnende Streit eskalierte. Er brüllte, was die Lunge hergab, formte seine Töne in freier Improvisation über mehrere Oktaven, variierte kunstvoll Klangfärbung und Lautstärke.
„Siehst du, was du mit deinem Geschimpfe anrichtest", schnaubte die Mutter und nahm den Kleinen hastig auf den Arm. Einer weiteren Verschlimmerung kam das Klingeln an der Haustüre zuvor. Mit frischer Dauerwelle und strahlendem Lachen stand Oma vor der Tür. „Ja, wo ist denn das Geburtstagskind?", fragte sie mit großmütterlicher Logik, während sie Felix tief in die blauen Augen schaute.

Felix verzichtete geflissentlich auf eine Antwort. „Komm zur Oma, da brauchst du nicht weinen.“ Felix verstand sofort und schmiegte sich sogleich mit geschlossenen Augen an Omas Schulter.
Die restlichen Gäste ließen ebenfalls nicht lange auf sich warten. Sehr zur Freude von Oma, denn am meisten hatte sie sich auf die strahlenden Augen ihres Enkels gefreut, wenn er seine Geburtstagspäckchen auspacken würde. Wo jetzt alle da waren, konnte es losgehen. Mit grobmotorischer Geschicklichkeit und zügellosem Eifer schaffte es Felix in kürzester Zeit, seine Geschenke aus ihrer bunten Hülle zu befreien. Sein Gesichtsausdruck verriet die Erwartung, die schönen Spielsachen gleich auf ihre Tauglichkeit zu testen. Auf der Suche nach einem geeigneten Spielpartner schaute er um sich. Tante Helga, schon 37 und noch kinderlos, nahm die Gelegenheit wahr. Damit konnte sie ihrer Mutter gleich den Wind aus den Segeln nehmen, die sonst nur wieder behaupten würde, Helga hätte selbst keine Kinder, weil ihr die nötige Geduld für selbige fehle.
Oma war indes anderweitig beschäftigt. Sie versuchte, ihrer Tochter liebevoll und dennoch mit der nötigen Bestimmtheit die möglichen Ursachen für Felix‘ Schlaflosigkeit zu erklären. Wahrscheinlich habe er Hunger, so ein Kind brauche nämlich jeden Tag ordentlich Fleisch und das würde er sicher bei ihr nicht bekommen. Außerdem sei er sowieso zu lange gestillt worden. Und dazu sei er zu nervös, weil er überallhin mitgeschleppt würde, was ganz schlecht für kleine Kinder sei. Zum Supermarkt, zum Arzt, auf Parties und zu weiteren wenig kindgerechten Lokalitäten. Und schließlich könne man ihn ruhig

in der Nacht mal schreien lassen, das täte den Lungen gut und das habe sie damals mit ihren Kindern auch so gemacht. Mit gutem Erfolg, wie man unschwer erkennen könne. Aus allen Kindern sei schließlich etwas Anständiges geworden.
Trotz der leise anklingenden Schmeichelei war das der Vorwürfe zu viel. Felix' Mutter platzte an dieser Stelle endgültig der Kragen, sie vergaß ihre eigene gute Kinderstube und warf daraufhin stehenden Fußes, in einem Anfall von spätpubertärer Abrechnung ihre Mutter aus der Wohnung. Angesichts der höchst angespannten Atmosphäre verabschiedete sich der Rest der Verwandtschaft danach in kürzester Zeit. Natürlich musste Tante Helga abschließend, an Felix gewandt, noch den blöden Spruch loslassen: „Tschüs, Kleiner, und pass gut auf deine Eltern auf."
Dennoch entwickelte sich im weiteren Fortgang der angebrochene Nachmittag für die restliche Family zum vollen Vergnügen. Papa, Mama und Filius fanden Gefallen an Tante Helgas Brummauto, dem 8-Teile-Puzzle von Oma und diversen anderen Vergnüglichkeiten, die ihnen anlässlich des Festtages beschert wurden. Trotz unaufgeräumter Kaffeetafel und nicht angerührter Schnittchen war es so gemütlich wie nie zuvor.
Und weil Felix zudem zum ersten Mal in seinem Leben um acht Uhr abends einschlief und anscheinend beschlossen hatte zur Feier des Tages die nächtlichen Wachphasen ab sofort ausfallen zu lassen, hatte die Flasche Sekt sowohl einen guten Grund geöffnet zu werden wie auch höchst dankbare Abnehmer.

Das Wasserfest

Manche Wohnungen sind einfach zu klein, um eine große Geburtstagsgesellschaft zu beherbergen. In den heißen Monaten des Jahres bietet es sich an, im Schwimmbad oder am See zu feiern. Für die Erwachsenen ist es in diesem Fall einfacher, wenn sie Verstärkung bekommen. Mit ein oder zwei Freunden wird das Fest dann auch für die Oldies lustig.

Die Einladung wird in Form einer Flaschenpost überreicht. Dafür den Text auf ein Blatt Papier schreiben, zusammenrollen und in eine durchsichtige Glas- oder Plastikflasche stecken. Etwas Sand und vielleicht ein paar kleine Muscheln – vom letzten Sommerurlaub etwa – dazugeben und mit einem Korken verschließen. Wenn der Flaschenhals zu eng sein sollte, um die Einladung problemlos herauszunehmen, können Sie auch den Text auf schmale Papierstreifen schreiben und das Ende an den Korken ankleben, um dann die Flasche damit zu verschließen.

Obstkäsekuchen

Die Eier trennen. Das Eigelb mit allen anderen Zutaten verrühren, das Eiweiß zu Schnee schlagen und sanft unterheben. Eine gut gebutterte Springform mit Semmelbrösel ausstreuen und die Teigmasse einfüllen.
Je nach Belieben mit Apfelschnitten, abgetropften Kirschen oder Aprikosen belegen, Obst etwas eindrücken und bei 200 Grad circa 40 Minuten backen. Nach Bedarf die letzten 10 Minuten mit Alufolie abdecken, damit die Oberfläche nicht zu dunkel wird.

100 g Butter
100 g Zucker
1 unbehandelte Zitrone
5 Eier
1 kg Quark
4-5 EL Gries
1 TL Backpulver
1 Päckchen Vanillezucker
1 Päckchen Vanillepudding
700-1000 g Obst nach Wahl

Wasserbomben:
Für den Bau dieser Wurfgeschosse eignen sich alte Prospekte und Werbefaltblätter am besten. Das Papier ist meist beschichtet und durchnässt nicht so schnell. Wenn der Würfel wie beschrieben gefaltet wurde, wird er aufgepustet und durch die kleine Öffnung mit Wasser gefüllt.

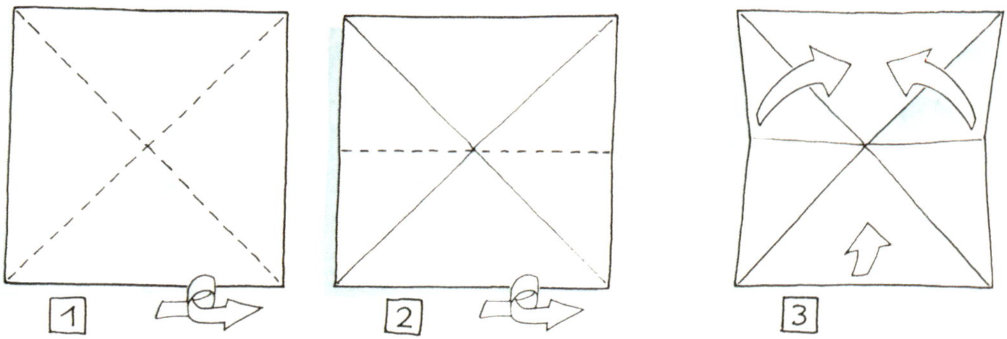

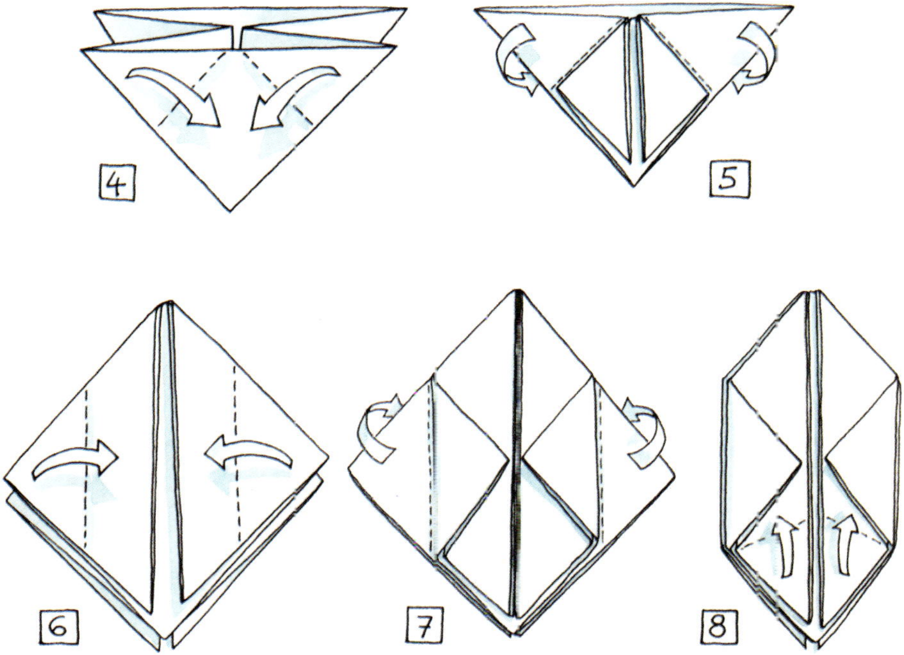
4
5
6
7
8

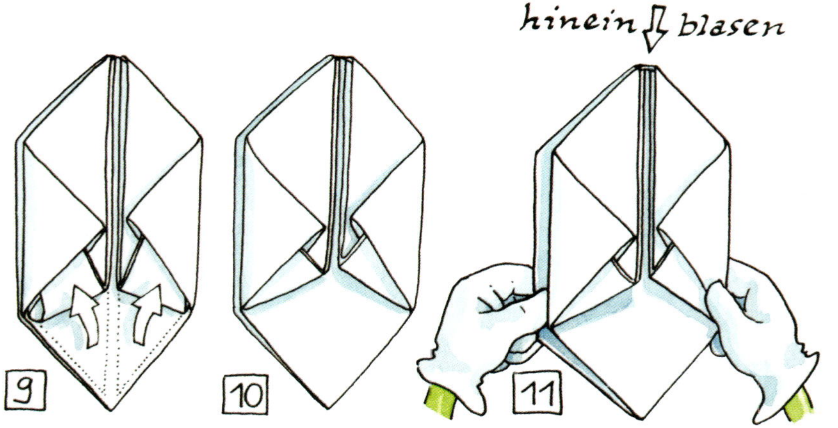
hinein blasen
9
10
11

12

Wassermäuse-Fangen:
Ein Kind trägt ein Tuch im Badeanzug oder in der Badehose. Vor Beginn des Spiels wird ein Bannkreis von ein bis zwei Metern um die Wassermaus vereinbart. Nach dem Startzeichen müssen alle anderen Mitspieler versuchen, das Tuch zu fangen.
Wer als Erster das Tuch zu fassen bekommt, darf selbst in der nächsten Runde die Wassermaus sein.

Ballon-Werfen:
Mehrere Ballons werden mit Wasser gefüllt. Die Gruppe bildet zwei Reihen, so dass sich je zwei Spieler gegenüberstehen. Die Partner werfen sich die Ballons zu und vergrößern dabei den Abstand immer mehr. Wenn der Ballon platzt, scheidet das Spielerpaar aus. Sieger des Spiels ist das Paar mit dem größten Abstand und dem letzten ganzen Ballon.

Gießkannen-Spiel:
Von einem erhöhten Punkt aus, z. B. einem Stuhl, müssen die Kinder mit einer gefüllten Gießkanne versuchen, möglichst viel Wasser in einen Messbecher einzufüllen. Die jeweiligen Mengen werden während des Spiels notiert und addiert. Wer am meisten einfüllen konnte, hat gewonnen.

Bälle schießen:
Auf drei leere Flaschen werden Tischtennisbälle gelegt. Mit einer Wasserpistole müssen die Bälle aus einer vorher vereinbarten Distanz abgeschossen werden. Es wird reihum gespielt.
Um das Spiel zu erschweren, kann mit Hilfe eines Spiegels rückwärts über die Schulter geschossen werden. Zum Vergnügen der Kinder sollten auch die Erwachsenen mitmachen. Das sieht meist so richtig schön albern aus.

Die stummen Fische:

Auf Weinkorken werden mit einem wasserfesten Filzstift Wassertiere aufgemalt. Jedes Tier muss zweimal im Spiel vorkommen.

Die Korken werden zu Beginn ins Wasser geworfen. Auf ein Startzeichen fischt sich jedes Kind einen Korken. Nun muss – ohne miteinander zu reden – der entsprechende Tierpartner gefunden werden. Dies kann durch Herumzeigen der Motive oder durch Nachahmen der entsprechenden Tierlaute bewerkstelligt werden.
Wenn sich die Paare gefunden haben, wird jedes Tier pantomimisch im Wasser dargestellt. Klar, dass die restliche Gruppe dieses Tier erraten muss. Jedes Team hat zwei Minuten Zeit. Wer rät am schnellsten?

Siamesische Zwillinge anziehen:

Ein Kind bekommt ein großes T-Shirt angezogen. Nun kommt ein zweiter Spieler hinzu, beide geben sich eine Hand und lassen sie während des ganzen Spiels nicht mehr los. Die anderen Mitspieler müssen nun versuchen, dem Spieler mit T-Shirt dieses aus- und dem anderen anzuziehen. Übrigens: Hier ist nachdenken und sanft probieren besser als rohe Gewalt anzuwenden.

Bälle pusten:
Die Tischtennisbälle können im Wasser noch einmal zum Einsatz kommen. Sie werden auf die Wasseroberfläche gelegt und müssen von drei Teams in einer Art Staffelpusten in ein vorher ausgemachtes Ziel (z. B. ein Einkaufsnetz) gepustet werden.

Der Riesenkrake:
Die Spieler versammeln sich alle auf einer Seite des Wasserbeckens. Ein Freiwilliger, der den Kraken spielt, begibt sich auf die gegenüberliegende Seite. Mit dem Start müssen alle versuchen, auf die andere Seite zu kommen. Der Krake seinerseits muss möglichst viele Mitspieler berühren. Wer von dem Kraken angefasst wurde, muss sich ihm anschließen. Somit wächst der Krake und die Gegenspieler werden immer weniger.
Dieses Spiel kann zur Abwechslung auch außerhalb des Wassers gespielt werden.

Genauso gut, lässt sich folgendes Spiel auf dem Trockenen spielen:

Fang den Fischschwanz:
Für jeden Spieler wird an eine circa 1,5 Meter lange Schnur ein Fisch aus Papier geknotet, der an der Badehose befestigt wird. Jeder muss nun versuchen, den Fisch des anderen zu fangen, indem er auf den Fischschwanz tritt. Gleichzeitig muss man natürlich den eigenen Fischschwanz schützen...

Gern genommen werden immer noch alle möglichen Knabbereien: Salzstangen, Chips und Flips und auch viel rohes, knackiges Gemüse: Karotten, Paprika, Gurken, Fenchel oder was der Markt sonst so bietet.

Hagebutten-Limonade

12 Beutel Hagebutten-Tee
3 Zitronen
1 Flasche Zitronenlimonade

Aus zwölf Aufgussbeuteln drei Liter Tee zubereiten. Abkühlen lassen und den Saft von drei Zitronen und eine Flasche Zitronenlimonade zugeben.

Paprikadip

2 Päckchen Sahnequark
1 Päckchen Frischkäse
1 rote Paprikaschote
Paprikapulver, etwas Tomatenmark, Salz

Die Paprikaschote waschen, entkernen und in sehr kleine Würfel schneiden. Mit allen anderen Zutaten mischen und würzen.

Avocadocreme

Die Avocados schälen und von den Kernen befreien. Tomaten und Frühlingszwiebel waschen und grob zerkleinern. Alle Zutaten mit dem Zauberstab pürieren.
Zur Ergänzung kann noch fertiger Kräuterquark angeboten werden.
Gedippt wird mit Weißbrot, Crackern und Tortilla-Chips.

3-4 reife Avocados
2 Packungen Frischkäse
2 Tomaten
1 Frühlingszwiebel
1 Zitrone, Salz, Pfeffer
1 Spritzer Sojasauce

Wie wäre es mit einem hübschen, kleinen Päckchen mit einem „wasserfesten Inhalt“: Wasserbomben, Tauchring, Wasserball oder -pistole und vielleicht eine Freikarte fürs Schwimmbad.

Sabrina, 3 Jahre

Ich gebe zu: Als Mutter bin ich nicht spielplatztauglich. Früher schon vergaß ich immer, die wichtigsten Dinge für die nachmittägliche Freiluftveranstaltung in die Buggytasche zu packen: Papiertaschentücher, Butterkekse und kaufertige Apfelschnitze als Grundausstattung. Schaufel und Sandförmchen als allernötigstes Handwerkszeug. Noch heute steigt mir die Schamesröte ins Gesicht, wenn ich daran denke, wie oft ich eine der Profi-Mütter bitten musste mir auszuhelfen. Deshalb packte mich eine gelinde Panik, als Sabrinas Mutter uns mitteilte, den dritten Geburtstag ihrer Tochter auf dem Spielplatz feiern zu wollen. Ich fühlte mich sofort an meine mütterlichen Unzulänglichkeiten erinnert und vermochte es nicht, mich an dieser Einladung zu erfreuen. Dennoch führte kein Weg an dieser Feier vorbei. Unsere Töchter waren einander in herzlicher Freundschaft verbunden, sie hätten uns nie verziehen, wären wir nicht erschienen.
Die Aufgaben zur Festvorbereitung waren gerecht verteilt, jeder sollte Salat oder Kuchen mitbringen, Getränke kamen von Sabrinas Eltern. Strahlender Sonnenschein begleitete uns an diesem Bilderbuch-Sonntag zum Platz des Geschehens. Fünf Kinder und zehn Erwachsene bildeten die überschaubare Festgesellschaft. Rudi hatte bereits einen Tapeziertisch zum Büffet umfunktioniert, Kühltaschen standen mit kalten Getränken bereit und ausreichend Schippen, Förmchen und

Sandeimer warteten auf ihre Benutzer. Der Spielplatz lag in einer ruhigen, verschlafenen Wohngegend, war rundum mit einem Jägerzaun gesichert, der wenige Autoverkehr störte kaum.

In dieser Idylle fiel es den Kindern außerordentlich leicht, die Erwachsenen von der ersten Sekunde an zu ignorieren. Sofort besetzten sie Rutsche und Sandkasten und füllten den ansonsten leeren Platz mit fröhlichem Gejuchze. Zunächst ratlos, lösten wir unsere momentane Beschäftigungslosigkeit mit dem Verzehr von Kaffee und Kuchen. Nach kurzer Zeit lümmelten wir auf dem gepflegten, weil hundelosen Rasen und verliehen unserem Erstaunen Ausdruck, dass ein Kindergeburtstag für volljährige Beteiligte ebenfalls Spaß bringen kann. Dass abwechselnd ein bis zwei Erwachsene fehlten, weil sie sich um kleinere Zwistigkeiten und aufgeschlagene Knie kümmerten, tat der trauten Runde keinen Abbruch. Unsere elterliche Gelassenheit nahm im weiteren Verlauf des Nachmittags erheblich zu. Auf dem Höhepunkt angelangt, störte uns noch nicht einmal mehr, dass die lieben Kleinen heimlich sämtliche Smarties und das komplette Zuckerwerk von Marmorkuchen und Muffins geklaut hatten und wir nur die wenig ansehnlichen zerrupften Überreste der Backwaren vertilgen durften. War uns doch die ungebremste Spielfreude und der Tatendrang unserer Sprösslinge Entschädigung genug.

Das Einzige, worüber wir uns in zunehmendem Maße Gedanken machten, war die uns unbekannte Toleranzschwelle der

Anwohner. Denn mit zunehmendem Spieleifer unserer Kleinen schwoll auch die Geräuschkulisse. Hin und wieder tauchte bereits ein sorgenvolles Gesicht im Fenster eines der umliegenden Wohnhäuser auf. So manches Fenster wurde geschlossen, Vorhänge ruckartig zugezogen. Die ursprüngliche Idylle vermochte auch die vielstimmige Mithilfe der hier lebenden Singvögel nicht wieder herzustellen. Ein älterer Herr lehnte schon geraume Zeit aus dem Fenster eines gepflegten Gründerzeithauses, die Ellbogen durch ein üppiges jägergrünes Samtsofakissen abgepolstert. Sein unbewegter Blick auf die spielenden Kinder verunsicherte uns etwas. Unser Gefühl, in diesem eingezäunten Spielfeld affenähnlich in Zookulisse exponiert zu sein, wurde durch etliche sonntagsspazierende ältere Ehepaare unterstützt, die in schonungsloser Neugierde minutenlang die Festgesellschaft anglotzten.

Richtig aufmerksam wurden wir erst, als der Mann gesetzten Alters seinen Logenplatz am Fenster verließ und wenig später auf seinen Gehstock gestützt, langsam hinkend auf uns zukam. Rudi als Gastgeber erhob sich aus der liegenden Position, innerlich gerüstet, die Beschwerde des Anwohners höflich entgegenzunehmen. Von unserem Rasenplatz aus konnten wir die Unterhaltung nicht verstehen, sahen jedoch, dass die beiden sich angeregt unterhielten. Wir waren auf alles gefasst. Sogar unseren kurzfristigen Aufbruch hatten wir einkalkuliert. Als die beiden auf uns zukamen, verstärkte sich unsere Sorge. Rudi schob dem älteren Herrn indes einen Campingstuhl

hin und bot ihm Kaffee an. Mit einem „Vielen Dank“ und dem sanften Lächeln der Weisheit im Alter ließ er sich nieder. „Wissen Sie, dass ich mich schon den ganzen Nachmittag über Ihre Kinder freue? Ich wohne schon seit sechzig Jahren hier, unsere eigenen Kinder sind hier aufgewachsen. Damals, als wir es selbst gebraucht hätten, gab es hier noch keinen Spielplatz. Was uns immer geärgert hat. Vor einigen Jahren haben sie diesen hier gebaut, aber kaum einer benutzt ihn. Heute ist der erste Tag, an dem hier richtig Leben in der Bude ist. Können Sie nicht öfter hierher kommen und feiern?“
Seit diesem Erlebnis habe ich meine Ansicht über meine Spielplatztauglichkeit gründlich überdacht. Schließlich ist alles eine Frage der Perspektive.

BiG
BiG

Das Feuerfest

Das Spiel mit dem Feuer ist für Klein und Groß interessant. Es kann am späten Nachmittag mit verschiedenen Spielen begonnen werden und endet mit einer großen Runde am Lagerfeuer. Unvergesslich wird die Feier, wenn die ganze Gesellschaft draußen in Zelten übernachtet. Es ist zu empfehlen, bereits zu Beginn klare Regeln für den Umgang mit dem Feuer aufzustellen. Die Regeln sollten sich nach dem Alter der Kinder richten. Erkundigen Sie sich rechtzeitig bei der Gemeindeverwaltung oder der Polizei, wo Lagerfeuer erlaubt sind. In jedem Fall muss die Feuerstelle mindestens 50 Meter vom Waldrand entfernt sein. Schauen Sie auch frühzeitig, ob rund um den Platz trockenes Brennholz und Reisig zu bekommen ist.

Die Einladung wird mit dickem Filzstift auf ein Holzscheit geschrieben. Die Karte wird zum Fest mitgebracht und dient gleich als Brennmaterial. Wenn Ihnen das zu aufwendig ist, können Sie auch die

Einladungen auf kleine Zettel schreiben und gefaltet in leere Streichholzschachteln verpacken.

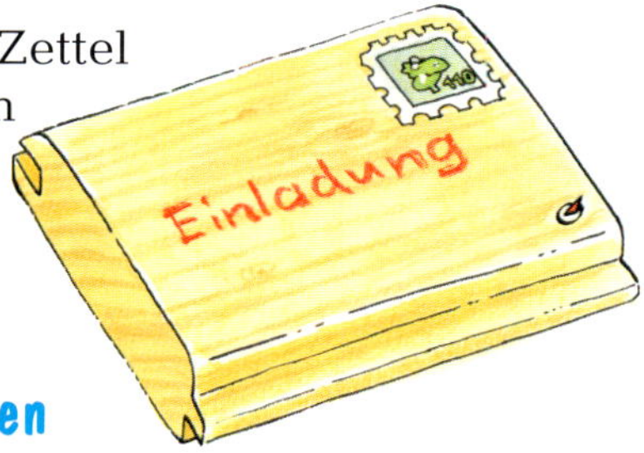

Brandteigkuchen mit Kirschen

75 g Butter
50 g Grieß
75 g Sonnenstrahl Weizenmehl
1 Prise Salz
4 Eier
500 g Vanille-Joghurt
1 EL Zucker
1 Glas Sauerkirschen (320g Abtropfgewicht)
1 EL Mandelsplitter
Fett für die Form

Einen Viertelliter Wasser zusammen mit der Butter aufkochen. Mehl und Grieß auf einmal hineingeben. Sofort zu einem glatten Teig weiterverrühren, bis sich der Teig als Kloß vom Topfboden löst. Den Topf von der Kochstelle nehmen und ein Ei unter den Teig rühren. Etwas abkühlen lassen und nach und nach die restlichen Eier, den Joghurt und den Zucker unterrühren.
Den Teig in eine gefettete ofenfeste Form füllen, die gut abgetropften Kirschen darauf verteilen und mit Mandeln bestreuen. Im vorgeheizten Backofen bei 175 Grad etwa

65 Minuten backen. Den Kuchen noch etwa zehn Minuten im ausgeschalteten Backofen stehen und danach abkühlen lassen.

Klar, dass sich bei diesem Fest alles um das Lagerfeuer dreht. Dafür sind an diesem Tag allein die Kinder verantwortlich. Vom Brennholzsuchen, über die Errichtung der Feuerstelle bis zum Anzünden sorgen sie selbst dafür, dass alles funktioniert. Hierfür sollte genügend Zeit eingeplant werden. Wenn am Abend der Platz verlassen wird, sollte unbedingt darauf geachtet werden, dass Feuer und Glut wirklich erloschen sind.

Das Lauffeuer:
Die Kinder sitzen im Kreis. Der erste Spieler erhält eine „wichtige Botschaft", die sich wie ein Lauffeuer verbreiten soll. Er flüstert sie schnell seinem Mitspieler zur Linken ins Ohr. Weiter geht das Spiel reihum. Der Letzte verkündet die „wichtige Botschaft" an alle. Und bei jedem Durchlauf ist es spannend zu erfahren, wie sich die kleine Geschichte im Laufe des Spiels verändert hat.

Größere Kinder spielen dieses Spiel in einem riesengroßen Kreis. Der Abstand zum Nächsten sollte zwei bis drei Meter betragen. Der Erste bekommt eine brennende Fackel, muss damit zu seinem Mitspieler zur Linken rennen und gleichzeitig Feuer und Botschaft weitergeben. Das Feuer darf nicht ausgehen und die Botschaft soll möglichst „gut erhalten" ankommen.

Jonglieren mit Kartoffeln:
Eine Start- und eine Ziellinie werden parallel abgesteckt. Die Gruppe teilt sich in zwei Mannschaften. Jeder Spieler bekommt zwei gleich große Kartoffeln, mit denen er auf das Startzeichen hin bis zum Ziel jonglieren muss. Ist der erste der Mannschaft angekommen, darf der zweite loslaufen usw. Die Gruppe, die als Erste im Ziel ist, hat gewonnen. Besteht die Gruppe ausnahmslos aus guten Jongleuren, kann natürlich auch mit drei Kartoffeln gespielt werden.

Wettlauf der Krebse:
Auch hierbei handelt es sich um ein Spiel mit zwei Mannschaften, die vom Start in möglichst kurzer Zeit ins Ziel kommen müssen, und zwar auf allen Vieren. Schwieriger wird die ganze Sache dadurch, dass sich die Kinder seitwärts fortbewegen müssen – wie die Krebse eben.

Rund ums Lagerfeuer lassen sich auch hervorragend ruhige Spiele machen. Wenn die Gruppe lange getobt hat, können solche Spiele einen guten Ausgleich schaffen.

Das Wunschfeuer:
Jeder bekommt Zettel und Stift und schreibt einen geheimen Wunsch auf. Zum Beispiel: „Ich wünsche mir, einmal in einem Heißluftballon zu fahren." Oder: „Ich würde gerne Janet Jackson treffen." Die Zettel werden gefaltet, in einem Topf oder Hut gesammelt und gut gemischt. Jeder Spieler zieht einen Zettel und muss nun so tun, als sei der Wunsch auf dem Zettel sein eigener Wunsch. Er liest ihn laut vor und muss nun begründen, wie er zu diesem Wunsch gekommen ist. Die anderen Mitspieler dürfen so lange nachfragen, bis sie dem Erzähler Glauben schenken. Am Ende werden alle Zettel ins Feuer geworfen, damit die Wünsche in Erfüllung gehen können.

Verschiedene belegte Baguettebrötchen, zum Beispiel mit Kräuterrührei auf Paprikabutter:
Zimmerwarme Butter mit etwas Paprikapulver mischen und die Baguettebrötchen damit bestreichen. Den Boden mit Salatblättern belegen. Vier Eier mit 50 Millilitern Milch verquirlen und Schnittlauchröllchen dazugeben.
In einer Pfanne stocken und dann etwas abkühlen lassen. Anschließend auf die Brötchenhälften legen.

Oder mit:
Krabben in Schmand und Dill
Tomaten, Mozzarella und Salami
Schinken, Gouda und Gurkenscheiben

Bananen vom Grill

Die Bananen werden mit Schale auf einen Grillrost gelegt bis die Schale dunkel ist. Dann werden sie geschält und mit Zimt und Zucker bestreut.

Kartoffeln in Folie

Für jedes Kind drei bis vier kleine Kartoffeln einplanen. Gut waschen, abbürsten und in Alufolie einschlagen. Die Kartoffeln müssen etwa eine Stunde im Feuer garen. Man sollte daher rechtzeitig damit anfangen.

Indianisches Hähnchen

Zwei küchenfertige Hähnchen waschen, trockentupfen und je nach Belieben würzen. Zum Beispiel mit Salbei, Rosmarin oder einfach mit einer fertigen Grillgewürz-Mischung.
Das Hähnchen wird dann in einen Mantel aus Ton (erhältlich im Bastelgeschäft) gehüllt und in die Glut des Lagerfeuers gelegt. Es sollte mindestens eine Stunde Garzeit eingerechnet werden. Darauf achten, dass der Ton möglichst unbeschädigt bleibt, damit das Hähnchen nicht anbrennt oder Saft verliert. Sollten Risse entstehen, dann so wenden, dass die beschädigten Stellen nach oben zeigen. Das Geburtstagskind darf am Ende der Garzeit den Ton aufschlagen und die Hähnchen an die Gäste verteilen.

Passende Gastgeschenke sind natürlich solche, die etwas mit dem Thema Feuer zu tun haben. Die Wahl sollte verständlicherweise auf ungefährlichere Gegenstände fallen. Geeignet sind Minilupen als Brenngläser oder Feuersteine. Wenn Sie etwas gänzlich Ungefährliches verschenken wollen, können Sie auf die Inhalte der unterschiedlichen Spiele zurückgreifen. Vielleicht haben die Gäste Gefallen am Jonglieren gefunden? Kleinere, weiche Jonglierbälle gibt es für wenig Geld in Kaufhäusern und Spielwarengeschäften.

Luisa-Maria, 7 Jahre

Auf ihren siebten Geburtstag hat sich Luisa-Maria ganz besonders gefreut. Schließlich war sie bereits ein halbes Jahr in der ersten Klasse und hatte neue Freundinnen und Freunde gewonnen. Die Freude war so groß, dass sie gleich zwölf Kinder aus ihrer Klasse zur Geburtstagsfeier eingeladen hatte. Auch meine Tochter brachte eine Einladung mit nach Hause. Im obligatorischen Telefongespräch zwischen Luisa-Marias Mutter und mir, in dem wir die Geschenkfrage klärten, drängte sie abschließend auf pünktliches Erscheinen.

So stand nicht nur ich, sondern auch die anderen elf Mütter-Taxen Punkt 14 Uhr zum Abladen der Kids vor der Haustür. Das pünktliche Kommen sei notwendig, entschuldigte sich die Mutter hastig, da sie etwas ganz Besonderes vorhätten. Verraten wollte sie nichts, schließlich sei es eine Überraschung. Nicht nur die Kinder waren sehr gespannt. Ich gebe zu, auch ich war neugierig, welche Attraktion auf die Kinder wartete. Dass sie erst um 20 Uhr abgeholt werden sollten, schürte die Neugierde aller.

Den freien Samstagnachmittag, der mir durch Luisa-Marias Geburtstagsfeier beschert wurde, nutzte ich ganz für mich alleine. Ich putzte gründlich die Küche, inklusive kompletter Reinigung der Ober-

und Unterschränke und Abtauen des Kühlschranks. Nebenbei packte ich zweimal die Waschmaschine mit Buntem und einmal mit Weißem voll.
Nach dem Putzen des Küchenfensters stellte ich überglücklich fest, dass meine Augen doch nicht an Linsentrübung erkrankt waren und dass draußen sogar die Sonne schien. Dennoch waren die Stunden schneller vorbei als gedacht und ich schwang mich nach kurzer Katzendusche wieder in den Wagen, um meine Tochter abzuholen. Die anderen Abholungsberechtigten hatten sich bereits vor der Haustür versammelt und diskutierten rege. Auf meine Frage, warum sie hier vor der Türe warteten, erntete ich sorgenvolle Blicke und man klärte mich auf. Es sei anscheinend keiner da, niemand öffnete die Tür, es sei dunkel im Haus. So reihte ich mich ein in die Riege der Wartenden.

Mit den zunehmend verstreichenden Minuten wuchsen unsere Fragen nach dem Verbleib unserer Sprösslinge. Die Unterhaltung brach abrupt ab, als ein Konvoi von vier Taxen um die Ecke bog. Kein Zweifel. Trotz der Dunkelheit war zu erkennen, dass unsere Kinder darin transportiert wurden. Unsere offen stehenden Münder wollten sich erst wieder schließen, als nach und nach die müden Häupter aus den Wagen stiegen. Luisa-Marias Mutter zahlte hektisch die Fahrer der Wagen eins bis vier, um sich dann uns zuzuwenden. Sie entschuldigte sich ganz herzlich für die Verspätung von einer halben Stunde und bat uns, noch auf einen Sprung mit in die Wohnung zu kommen. Leicht lustlos und schwer müde begleiteten uns die Kinder. Es war offensichtlich:

Geburtstagskind und Gäste hatten einen anstrengenden Tag hinter sich. Geschwind wurden die Kinder befragt, was sie denn so gemacht hätten. Meine Tochter winkte müde ab, deutete auf ihren Mund und schüttelte den Kopf. Diese Art reduzierter Gebärdensprache war mir bekannt. Diese Geste bedeutete: „Frag mich jetzt nicht, ich kann jetzt nicht reden. Ich werde dir alles später erzählen. Im Moment brauche ich dringend meine Ruhe."

Julian neben mir war etwas redseliger. Er verriet seiner Mutter und mir, dass sie gerade von einem italienischen Restaurant am anderen Ende der Stadt kämen. Dort hätten sie gelernt, wie man Pizza backt. Zuvor seien sie im Kino in der Innenstadt gewesen und davor hätten sie bei Luisa-Maria Torte gegessen. Wir wurden ins Wohnzimmer gebeten, wo mich schier der Schlag traf. Es sah aus, als hätte eine Horde wildgewordener Gremlins einen Spielzeugladen auf den Kopf gestellt. Unzählige Geschenke lagen im ganzen Raum verstreut. Auf den ersten Blick konnte ich erkennen: Ein Playmobil-Puppenhaus komplett möbliert, sieben bis neun Barbies nebst Sportwagen und Wohnmobil, drei Bären unterschiedlichster Herkunft, aber alle aus gutem Hause, mehrere Bastelpackungen und ein paar Ski nebst Ausrüstung für den nächsten Winterurlaub. Die Geschenke, die die Geburtstagsgäste mitgebracht hatten, lagen noch hübsch verpackt in einer Ecke des Zimmers. Luisa-Maria überließ – sei es aus Müdigkeit oder einem anderen Grund – ihren Gästen das Auspacken. Die abholenden Mütter und Väter wurden derweil mit feinstem Champagner und Canapés milde gestimmt.

Als wir uns als Erste auf den Heimweg machen wollten, wurde meiner Tochter noch „ein kleines Geschenk“ überreicht. In schillernder Folie, voluminös verpackt, waren „Kleinigkeiten“ im Wert von schätzungsweise 40 Mark. Neben Marshmellows und Bonbons fanden wir Buntstifte, Murmeln, Flummis und eine Kinderarmbanduhr.

Trotz meines Schreckens über den mit diesem Gastgeschenk gesetzten Maßstab, wollte ich mich vom Geburtstagskind verabschieden. Nicht nur, weil sie gerade etwas verwirrt auf das vor ihr liegende Chaos blickte. Ich wollte ihr einfach meine herzlichen und dennoch gänzlich unmateriellen Glückwünsche zum Geburtstag aussprechen. Etwas abwesend gab sie mir die Hand und bedankte sich höflich. Meine Frage, ob ihr das Fest gut gefallen hätte, bejahte sie lustlos. Eine leise Ahnung ließ mich weiterfragen: „Weißt du schon, was du an deinem nächsten Geburtstag gerne machen würdest?“ Ein müder Schalk blitzte aus ihren Augen: „Weißt du, Frau Spielhof, ich würde gerne einen Flohmarkt machen und die ganzen Sachen verkaufen, dann hätte ich wenigstens die Kohle.“
Seither geht mir Luisa-Marias Idee durch den Kopf und ich denke ernsthaft darüber nach, ob es nicht gescheit wäre, wenn ich mir zum Geburtstag auch einfach nur Scheine und Schecks wünschte. Keiner läge mit seinem Geschenk daneben, alle wären glücklich und ein passender Verwendungszweck fände sich immer. Oder nicht?

Seeheim
Luisa-Marias
FLOHMARKT
FAST
VER-
SCHENKT
GESCHENKT
Kellys
COMIX
PUZZLE
PUZZLE
DETEKTIVE
RABENSPIEL

Die Zeitungsmacher

Die Kinder schlüpfen an diesem Tag in die Rolle von Journalisten: Sie schreiben und gestalten ihre eigene Zeitung. Eine gute Gelegenheit, die unmittelbare Umgebung einmal ganz aus der Sicht von Kindern oder Jugendlichen kennenzulernen und vielleicht sogar den Versuch zu starten, den eigenen Lebensraum mitzugestalten. Eine kleine Warnung für die Eltern vorweg: Wenn Sie davor zurückschrecken, dass Ihr Nachwuchs eigenverantwortlich denkt und handelt und sogar Verbesserungsvorschläge für einen angenehmeren, lustvolleren Alltag entwickelt, sollten Sie von dieser Idee Abstand nehmen.

Der Einladungstext wird auf eine DIN A4-Seite in Form eines Zeitungsartikels geschrieben und kopiert. Jede Kopie wird so auf eine Seite einer Tageszeitung geklebt, dass sie wie eine aktuelle Meldung aussieht. Die Seite einrollen und mit einem Band zusammenbinden.

Zwetschgenkuchen

40 g Hefe
1/4 l Milch
5-6 EL Öl
100 g Margarine
4 Eier
4 EL Zucker

Für den Belag:
6 EL Semmelbrösel
2 kg frische Zwetschgen oder 2 große Gläser Zwetschgen

Hefe zerbröseln und mit dem Zucker anrühren. Von der lauwarmen Milch 4 EL dazugeben und verrühren. Etwas Mehl dazurühren und so lange gehen lassen, bis sich der Ansatz verdoppelt hat. Dann den Rest der lauwarmen Milch zufügen. Anschließend Zucker, Eier, Salz, Öl und Mehl dazugeben und luftig durchmengen. Eine halbe Stunde gehen lassen. Den Teig auf ein Backblech geben und mit den Zwetschgen belegen. (Einmachzwetschgen vorher sehr gut abtropfen lassen.) Im vorgeheizten Ofen bei 200 Grad circa 30 Minuten backen.

Nuss-Blätter

30 g Butter
140 g Zucker
1 gehäufter EL Sonnenstrahl Weizenmehl
150 g blättrige Haselnüsse
3 Eiweiß
3 EL Schlagsahne
1 Päckchen Vanillezucker

Butter in einem kleinen Topf schmelzen lassen. Zucker, Vanillezucker, Mehl und Nussblättchen mischen. Eiweiß, Butter und Schlagsahne unterheben. Mit einem Teelöffel kleine Teighäufchen mit großem Abstand auf ein mit Backtrennpapier ausgelegtes Backblech setzen. In den auf 200 Grad vorgeheizten Backofen auf die mittlere Schiene geben und etwa sechs bis sieben Minuten hellbraun backen. Sofort vom Blech nehmen, abkühlen lassen.

Zunächst sollten sich die jungen Reporter in ihrer ersten Redaktionssitzung auf einen passenden Namen für die neue Zeitung einigen. Danach finden sich Gruppen mit unterschiedlichen Interessensgebieten zusammen. Ziel ist es, eine möglichst breite Palette an Artikeln zu schreiben und mit Bildmaterial zu versehen. Die Wahl der Themen richtet sich nach dem, was die Kinder unmittelbar interessiert. Die Auswahl der Themen wird in dieser Runde besprochen, die Aufgaben werden gemeinsam verteilt. Was bietet der Stadtteil

Wo gibts denn das?
TECHNO-PARTIES
U-COMIX
ALDI-MARKT
BARBIES
TASCHENGELD
ohne MOOS nix LOS
30km zur nächste Disco
Liebes-kummer
Liga-News
Das
HAUS-AUFGABEN AUF-GEBEN!

oder das Dorf für die Kinder? Wo können sie hingehen, wo spielen sie gerne? Was sind die liebsten Freizeitbeschäftigungen der Kids in der Umgebung? Wo wären Verbesserungen angebracht?
Zu einem vorher festgelegten Zeitpunkt finden sich die Reporter wieder in der „Redaktion" ein und berichten über das, was sie erlebt und aufgeschrieben haben. In ihren jeweiligen Teams tun sie sich zusammen und schreiben gemeinsam eine Reportage über das gewählte Thema. Jede Gruppe hat Platz für zwei DIN A4-Seiten und kann diese frei gestalten. Dann finden sich alle wieder gemeinsam am „runden Tisch" ein und tragen sich gegenseitig die Ergebnisse vor. Klar, dass aus den entstandenen Berichten eine Zeitung hergestellt wird.
Vielleicht mögen die Kids ihre fertigen Artikel sogar der „richtigen" Tageszeitung oder einem Anzeigenblatt mit lokaler Verbreitung anbieten? Oder den örtlich Zuständigen aus Politik und Wirtschaft übermitteln? Und gespannt darauf warten, wie die Reaktion der Adressaten sein wird.

Sandwich mit Kresse und Ei

Pro Person:
2 Scheiben Buttertoast
1 hartgekochtes Ei
Salatcreme
Kresse

Die ungetoasteten Scheiben mit einem Klecks Salatcreme bestreichen und mit Eischeiben belegen. Das Ganze mit geschnittener Kresse verzieren. Zusammengeklappt diagonal schneiden, so dass zwei Dreiecke entstehen. Zusammen mit einem Apfel ergibt das eine gute Zwischenmahlzeit für hungrige Journalisten bei der Arbeit.

Gulaschtopf

Für 6-8 Personen:
4 Dosen Gulaschsuppe
500 g Kartoffeln
300 g Karotten
2 Würfel klare Gemüsebrühe

Die Kartoffeln schälen und in circa zwei Zentimeter große Würfel schneiden, die Karotten schälen und in Scheiben schneiden. In kochender Gemüsebrühe knackig garen. Die fertige Gulaschsuppe zusammen mit Karotten und Kartoffeln in einen großen Topf geben und erhitzen. Noch einmal abschmecken und bei Bedarf nachwürzen. Dazu passt Kräuterbaguette.

Die Gäste erhalten eine Kopie der selbst gemachten Zeitung. Wenn die Kinder Lust haben, können sie sich zu einem weiteren Treffen zusammenfinden, zehn bis zwanzig Kopien ihrer Zeitung anfertigen und diese an ihre „Zielgruppe" verkaufen. Das Budget für den „Materialeinsatz" müssen sie aus eigener Tasche aufbringen und den Verkaufspreis kalkulieren. Dafür wird der Gewinn gerecht verteilt.

Dinoburger Zeitung
Eine Mark neunundvierzig
Dinoburger

Moritz, 10 Jahre

Eine sehr kreative und höchst unbeschwerliche Art und Weise, Feste vorzubereiten und durchzuführen, lernte ich durch Gabi kennen. Unfreiwillig und unvorbereitet traf mich ihr Hilfeersuchen. Alles begann mit einem Paket, das ich am Nachmittag für sie angenommen hatte und das ich ihr am Abend überbringen wollte. Sie öffnete mir die Tür, wofür sie offensichtlich ihren Ellenbogen verwenden musste, denn beide Hände waren reichlich bemehlt. Sie bat mich herein und entschuldigte sich gleichzeitig dafür, dass in der Wohnung heilloses Chaos herrschte. Morgen habe Moritz Geburtstag, sie sei gerade sehr im Stress und müsse noch mindestens zwei Kuchen backen.

Heute kann ich nicht mehr sagen, wie es dazu kam, dass ich letzten Endes beide Kuchen backte. Ich weiß nur noch, dass sie mich fragte, ob ich kurz weitermachen könnte. Der Trockner hupte. Mit elektronischer Beharrlichkeit meldete er das Ende seiner Tätigkeit. Gabi verschwand, nachdem sie mir Schürze und Rührlöffel in die Hand gedrückt hatte und sagte: „Mach du doch gerade mal weiter, ich bin gleich wieder zurück." Damit begann meine Arbeit. Thomas, ihr Mann, leistete mir netterweise Gesellschaft, ohne allerdings einen Finger zu rühren und plauderte fröhlich-frustriert aus seinem Arbeitsalltag. Gabi hatte alles gut vorbereitet und die Zutaten für den zweiten Kuchen gleich bereitgestellt. Die entsprechende Seite ihres Backbuches lag aufgeschlagen da. Ich musste also nur noch anfangen. Erst als der zweite Kuchen im Ofen war und den Duft verströmte, der das Ende seiner Backzeit ankündigte, kam Gabi zurück in die Küche. Eine tiefe Knautschfalte verlief quer über ihre rechte Wange. Müde und mit kleinen Augen sagte sie: „Tut mir Leid, ich bin eingeschlafen, als ich Manuel ins Bett gebracht habe." Manuel war der fünfjährige Sohn von Gabi und Thomas, der mit ausgesprochener Zielsicherheit jeden Erwachsenen innerhalb kürzester Zeit an den Rand des Wahnsinns treiben konnte.

Als Gabi sah, dass ich während ihrer Abwesenheit bereits fleißig für das leibliche Wohl der Geburtstagstruppe gesorgt hatte, war sie glücklich und hielt mir ihr schönstes Ich-danke-dir-Lächeln entgegen.

„Wo wir schon dabei sind, du hast doch immer so gute Einfälle." Ich hätte gewarnt sein sollen, was dann folgte. „Mir fehlen noch ein paar zündende Spielideen für morgen. Ich kam nicht dazu, das Fest gut vorzubereiten, weil Manuel die Röteln hat und ich mich in den letzten Tagen die ganze Zeit um ihn kümmern musste." Nur weil Moritz mir Leid tat angesichts der Vorstellung, dass er ein Fest haben sollte, das genauso chaotisch war wie seine Mutter, erklärte ich mich bereit, mir Gedanken über ein paar nette Spiele zu machen. Meine Vorschläge wurden überraschend schnell und dankbar von Gabi und Thomas angenommen. Sie überschütteten mich mit Lob für meinen Einfallsreichtum und luden mich sodann zum Fest ein. Solch wunderbare Ideen könne doch am besten ich selbst ausführen.

Mein später aufkommender Ärger nutzte nichts. Ich hatte mich offensichtlich überrumpeln lassen. Es führte kein Weg daran vorbei: Ich musste mein Versprechen halten. Moritz begrüßte mich am nächsten Tag in Festlaune und schob mich in die Küche. Reichlich erstaunt über das ausladende kalte Büffet, das dort aufgebaut war, begann ich den Tisch zu decken. Gabi kümmerte sich immer noch um Manuel und überließ mir vertrauensvoll die Begrüßung der Geburtstagsgäste. Nachdem wir die Laternen aus den Kürbissen, die ich am Vormittag noch schnell beim Gärtner besorgt hatte, fast fertig gestellt hatten, kam Gabi mit dem rotgepunkteten Manuel auf dem Arm ins Esszimmer. Während Letzterer außerdem noch an akuter schlechter Laune litt, erfreute sich die Mutter ausgesprochen guter Stimmung. „Weißt du, das Einzige, was man wirklich im Leben braucht, sind gute Freunde." Ich konnte ihr nicht anworten, weil ein Gast sich in den Finger geschnitten hatte und drohte, wegen der vergossenen Blutstropfen in Ohnmacht zu fallen. Gabi plapperte ungeachtet meiner Erste-Hilfe-Aktivitäten fröhlich weiter: „Alleine hätte ich das nie geschafft. Hast du das Büffet in der Küche gesehen? Das haben alles die Gastmütter gemacht."

Nach dem offiziellen Fest war ich mehr als geschafft. Thomas, der etwas früher aus dem Büro gekommen war, kochte mir eine Tasse

von Bärbel
VON FRIEDA
Von Evi
von Florian
von Anna
VON GABi

Kaffee. Gabi gesellte sich zu uns und schüttete ihr Herz aus. Sie würde so gerne wieder arbeiten gehen, das Dasein als Vollzeithausfrau würde sie überhaupt nicht mehr ausfüllen. Hilfe bekäme man schließlich von überall. Das hätte Moritz' Geburtstagsfest wieder aktuell bewiesen. Und wo wir schon dabei wären – ich hätte doch immer so gute Ideen. Ob ich nicht wüsste, wo eine freie Stelle mit einer verantwortungsvollen Tätigkeit bei 15 bis 20 Wochenstunden zu besetzen sei. Die Bezahlung müsse allerdings stimmen, schließlich habe sie studiert. Ich schlug ihr vor, Personalschulungen in Firmen und Unternehmen anzubieten. Unter dem Thema „Richtig delegieren in Theorie und Praxis" ließe sich sicherlich gutes Geld verdienen. Ich sicherte ihr zu, mich selbst ebenfalls zur Teilnahme anzumelden. Schließlich hatte ich auf diesem Gebiet erheblichen Optimierungsbedarf.

Das Musikfestival

Leider ist es in den letzten Jahren etwas in Vergessenheit geraten, das gemeinsame Musizieren. Nein, bitte denken Sie jetzt nicht an die Hausmusik von früher, bei der jeder sein Instrument nicht nur diszipliniert spielen, sondern sich auch anhand gemeinsamer Notenblätter an vorgegebene Muster halten muss. Gemeinsam Musik machen ist besser, als wenn alle durcheinander reden. Und Musik machen macht auch dann Spaß, wenn niemand ein Instrument perfekt spielen kann.

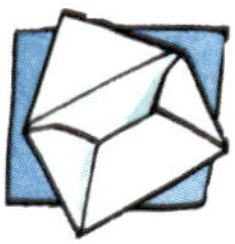

Eine Schablone einer Musiknote mit einer Höhe von circa 15-20 Zentimetern herstellen und entsprechend der Zahl der Gäste auf schwarzen Fotokarton übertragen und ausschneiden. Mit einem weißen Filzstift den Einladungstext auf die Note schreiben.

Als Variante, wenn Sie gänzlich von Schallplatten auf CDs umgestiegen sind und Sie die alten Scheiben auch auf dem Flohmarkt nicht loswerden: Alte LPs oder Singles mit einem weißen, wasserfesten Filzstift mit dem entsprechenden Text beschreiben.

Sehr einfacher Apfelkuchen

Dieser Kuchen ist geeignet für alle, die von sich glauben nicht backen zu können. Ich spreche aus Erfahrung, denn so ging es mir früher auch. Bis mir Christel dieses Rezept schenkte.

1 kg Äpfel
2 Eier
200 g Zucker
1 Päckchen Vanillezucker
100 g Butter oder Margarine
100 g Sonnenstrahl Weizenmehl
1 TL Backpulver
100 ml Milch
ein paar Spritzer Zitronensaft

Eine geschlossene Form, z. B. für Quiche, mit Butter ausfetten und mit Mehl bestäuben. Äpfel vierteln und in kleine Scheiben schneiden. Mit Zitronensaft beträufeln, damit sie nicht braun werden. Butter oder Margarine in einem Topf schmelzen lassen. Das etwas abgekühlte Fett mit den übrigen Zutaten vermengen und die Äpfel untermischen. Im vorgeheizten Ofen auf mittlerer Schiene bei 200 Grad circa 50 Minuten backen.

Musikinstrumente bauen

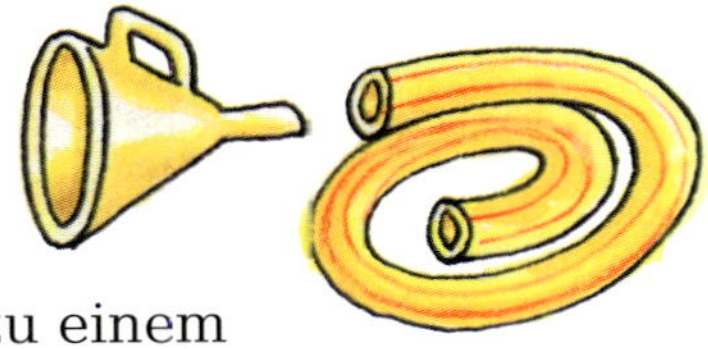

Das Trichter-o-phon:
Am unteren Ende eines Plastiktrichters wird ein ungefähr 60 Zentimeter langer, dünner Schlauch (beides aus dem Baumarkt) mit Klebeband befestigt. Dann den Schlauch einmal zu einem Kreis legen und ebenfalls mit Klebeband fixieren. Durch das offene Schlauchende wird gepustet und getrötet.

Trommeln:
Für die Trommeln können Sie viel Abfallmaterial aus Küche und Keller verwenden. Beginnen Sie rechtzeitig mit dem Sammeln von Dosen, Waschmitteltrommeln, Filmdöschen usw. Diese werden mit unterschiedlichen Materialien befüllt, damit eine große Bandbreite an Klängen entstehen kann. Gut eignen sich Reis, Bohnen, Sand, Murmeln oder Steinchen. Die Gefäße sollten sorgsam verschlossen werden, damit nicht bereits bei der ersten Session der Inhalt breit im Wohnzimmer verstreut wird.

Das Glas-Xylophon:

Leere Marmeladen- oder Einmachgläser werden mit Wasser in unterschiedlicher Höhe gefüllt und mit Stöckchen oder Kochlöffeln bespielt.
Vor dem Spielen können die Kinder gemeinsam ausprobieren, ob sie das Instrument harmonisch stimmen können.

Eine Variante dieses Instruments ist die Glasharfe. Hierfür werden Gläser mit dünnem Rand benötigt, die ebenfalls mit Wasser gefüllt werden. Einen Finger ins Wasser tauchen und mit der Fingerkuppe im Uhrzeigersinn über den Glasrand fahren. Nach ein paar Drehungen beginnt das Glas zu „singen".

Recycling-Gitarre:
Eine Bananenkiste eignet sich am besten hierfür, weil der Boden in der Mitte offen ist. Ansonsten kann aus einem geschlossenen Karton in der Mitte ein Loch von circa 15-20 Zentimetern mit einem Cutter herausgeschnitten werden. Hierüber werden Gummibänder gespannt, an den Seiten durch Schlitze gezogen und innen verknotet. Die Bänder sollten im gedehnten Zustand befestigt werden, damit der Kiste durch Zupfen Klänge entlockt werden können.

Um das Orchester zu vervollständigen, können noch folgende Dinge bereitgestellt werden:

Eine Kiste mit Kronkorken zum Schütteln. Papprollen von Küchen- oder Toilettenpapier zum Befüllen mit Reis, Sand oder Steinchen. Pergamentpapier zum Rascheln. Eines der besten Musikinstrumente überhaupt ist Wasser. Man kann mit Strohhalmen im Wasser blubbern, mit Tropfen leise Geräusche machen und wundervolle Gurgellieder singen.

Den krönenden Abschluss bildet ein improvisiertes Konzert. Um ein wildes Durcheinander aller Instrumente zu vermeiden, ist es sinnvoll, einen „roten Faden“ durch die Musiklandschaft zu führen.
Ein Erwachsener liest eine Geschichte vor, die die Kinder mit ihren Instrumenten untermalen können. Am besten eignen sich bekannte Geschichten und Märchen. Dieses Hörspiel wird auf Band aufgenommen und kann für jeden Gast auf Kassette kopiert werden.

Tsch
Tsch
Tsch
Rasssel
Tsch
SCH SCH
Rasssel
schüttel
TSCHTSCH
Schüttel
Trööt
Trööt
Tröööt
Trööööö
Bääb
Bä
ä
Zupf
Zupf
PLING
PLONG
Doing
Doing

Neben dem Basteln von Instrumenten können auch ein paar leise Spiele gemacht werden. Eine gute Möglichkeit, um zwischendurch etwas zur Ruhe zu kommen.

Hat's geklingelt?:
Einige Glöckchen (aus dem Bastelgeschäft) dicht aneinander an eine Schnur binden. Diese Schnur wird in der Runde weitergegeben und darf auf keinen Fall Geräusche machen.

Töne-Mikado:
In einer Decke werden verschiedene unzerbrechliche und „geräuschvolle" Haushaltsgegenstände gesammelt. Zum Beispiel Löffel aus Metall, Töpfe, Dosen, Büchsen, Ketten usw. Die Decke wird ausgebreitet und die Gegenstände werden auf einen Haufen geschichtet. Nun nimmt sich jeder möglichst vorsichtig einen Gegenstand von der Decke, denn es darf auf keinen Fall scheppern oder klirren. Andernfalls muss der Spieler den Gegenstand liegen lassen und die Runde wird fortgesetzt. Am Schluss zählt jeder, aus wie vielen Teilen seine Beute besteht. Klar, dass gewonnen hat, wer die meisten Gegenstände sammeln konnte.

Leise schlichen schon die Indianer...:
In einem Zimmer wird Zeitungspapier in zwei bis drei Schichten übereinander ausgelegt. Darauf werden Bonbons verteilt. Die Kinder bilden zwei Mannschaften. Die erste Gruppe spielt Beobachter bzw. Zuhörer, die zweite Gruppe versucht geräuschlos die Bonbons aufzuheben. Sobald das erste Rascheln zu hören ist, wird das Spiel unterbrochen, die ergatterten Süßigkeiten werden gezählt. Danach tauschen die beiden Mannschaften die Rollen. Sieger des Spiels ist die Gruppe, die die meisten Bonbons einsammeln konnte.

Schokoladenschaum

(8 Portionen)

150 g dunkle Schokolade
4 Eigelb
4 Eiweiß
3 EL Zucker
100 ml Sahne
1 gehäufter TL Speisestärke
2 EL Orangensaft

Schokolade im Wasserbad schmelzen, danach leicht abkühlen lassen. Das Eigelb mit dem Zucker schaumig rühren, die Sahne halbfest schlagen. Nun die Eigelbmasse mit der Sahne und der Schokolade mischen. Den Orangensaft mit der Speisestärke verrühren und alles zusammen gut unterheben. Das Eiweiß schnittfest schlagen, dazugeben und unter die Schokolade heben. In Portionsschälchen aufteilen und zwei Stunden lang im Kühlschrank fest werden lassen. Dazu passen geschälte Mandarinen oder Orangenspalten.

Käsebaguette

4 kleine Baguettes
500 g geriebener Käse
2 Eier
125 g Margarine

Die Baguettes im Ofen kurz vorbräunen. Den geriebenen Käse mit den Eiern und der Margarine mischen. Nach Belieben mit Pfeffer oder Paprika würzen. Wer mag, kann auch noch gewürfelten Schinken unterheben. Die Paste auf die aufgeschnittenen Baguettes legen und zurück in den Ofen schieben. Bei 225 Grad bräunen bis der Käse zerlaufen ist.

Dazu passen gut Tomaten in Scheiben, gewürzt mit wenig Salz, Essig und Öl.

Jeder Gast bekommt ein paar Tage nach dem Fest eine Kassette mit dem improvisierten Hörspiel.

Marco, 14 Jahre

Spätestens im stattlichen Alter von 14 Jahren beginnt für einen Jungen eine schwierige Zeit. Alles ist im Umbruch, zudem läuft es häufig in der Schule nicht so, wie die Eltern es sich wünschen würden, was zu allem Tagesstress noch unangenehme abendliche Diskussionen nach sich zieht. Höchstens Gleichaltrige vermögen annähernd zu verstehen, was in einem vor sich geht. Die Eltern und andere Bezugspersonen nennen es Pubertät, aber im Grunde genommen ist es die Zeit, in der Erwachsene verdammt komisch werden. Sie können einfach nicht kapieren, dass man älter und reifer wird, dass man andere Wünsche hat als noch vor einem Jahr. Sowieso scheint ein ganz normales Jahr Lichtjahre zurückzuliegen. Gerne wird Eltern in diesem Lebensabschnitt wenig Einfühlungsvermögen und mangelndes Zugestehen eigener Entfaltungsmöglichkeiten attestiert. Beispielsweise wenn man die Füße auf den Tisch legt, um in Ruhe Zeitung zu lesen. Erst mit dem Argument, dass Vater es schließlich genauso mache, wird Mutter einsichtig.

Warum sollte es Marco anders gehen? Einerseits freute er sich endlich 14 zu werden und somit wenigstens den mittleren Reifegrad zu erreichen. Andererseits beschlichen ihn Horrorgefühle bei der Vorstellung, sein Geburtstagsfest unter Anwesenheit seiner Eltern zu verbringen und die Festvorbereitung allein ihnen zu überlassen.

Unweigerlich kam der Tag, an dem dieses Ereignis zur Sprache gebracht werden musste.
Umständlich musste er seinen Eltern erklären, dass er wenig Bock auf eine normale Fete hätte, dass es total uncool sei, zu Hause oder im Hamburger-Fress-In lustige Häppchen zu verzehren und mit noch lustigeren Spielen die Zeit totzuschlagen. Es dauerte geraume Zeit bis die Oldies begriffen, was er meinte. Danach verzieh er ihnen milde ihre Altersschwäche, denn beide waren bereits weit über vierzig. Und schließlich hatte er sie doch meist ganz gern, was das Verzeihen erheblich vereinfachte.
Auf Vaters Frage, ob er vielleicht eine Disco in seinem Zimmer veranstalten wolle, musste Marco die Augen heftigst verdrehen. Hatten die denn immer noch nicht kapiert, dass man dazu ein paar nette Mädchen brauchte? Und die waren anscheinend überall, nur nicht in seinem Bekanntenkreis. Die Mädchen in seiner Klasse waren eher von der bescheuerten Sorte und verdienten mehr die Bezeichnung dumme Zicken. Zudem war eine Disco nur eine Disco, wenn man auch vernünftig tanzen konnte. Und irgendwie schien das mit den passenden Bewegungen zu Techno, Hip-Hop und House ausgerechnet bei Marco nicht zu klappen. Im Gegensatz zu seinen ganzen Freunden, was zu all den anderen Problemen noch hinzukam.
Das Gespräch wurde vertagt, die ratlosen Eltern zogen sich zur Beratung zurück, was natürlich auch wieder außerordentlich ärgerlich war, denn für Marco schien es, als seien sie nicht einmal in der Lage, die Sache mit ihm auszudiskutieren. Richtig cool fand er aller-

dings, was bei dieser Klausurtagung entschieden wurde. Wie auch immer sie das hingekriegt hatten, Renate und Werner hatten beschlossen, Marco einen Internetanschluss zum Geburtstag zu schenken und machten ihm den Vorschlag, seine Freunde zur Einweihung einzuladen und den Nachmittag im Net zu surfen. Das war echt klasse. Die beiden waren also doch zu etwas zu gebrauchen.
Sehnsüchtig erwartet kam der Tag der Maueröffnung zur Internet-Welt. Marco war seit Bekanntgabe der Internetsache erheblich in der Achtung seiner Freunde gestiegen und wurde seither in der Schule allmorgendlich mit coolem Schulterklopfen begrüßt, was seine Geburtstagsfreude um ein erfreuliches Maß in die Länge zog. Die meisten Freunde kamen dann auch vorzeitig zur Feier. Voran die riesigen Turnschuhe, gefolgt von schlacksigen Beinen in übergroßen Jeans oder Baggies, bis schließlich die Restkörper, üppig eingehüllt in oversized Sweats, verlegen im Flur rumstanden und darauf warteten, dass Marco sie begrüßte. Ebenso verlegen wie die Gästeschar geizte er mit Worten und winkte seine Freunde wortlos in sein Zimmer. Um jede Peinlichkeit zu vermeiden, hatte Renate bereits, dem ausdrücklichen Wunsch ihres Sohnes folgend, Coke und Chips in Marcos Zimmer bereitgestellt. Der vorsorglich gebackene Kuchen blieb in der Küche. Renate und Werners Beunruhigung, dass aus dem Zimmer nur selten ein Laut drang, schien noch aus den Erinnerungen an Marcos frühkindliche Zeit zu stammen. Schließlich wusste man damals ganz genau, dass irgendetwas Unangenehmes im Gange war, wenn aus dem Kinderzimmer nichts zu hören war.

MARCOS
INTERNET
CAFÉ

Erst nach Stunden wagte Renate den Blick ins Internet-Café, wie Marco sein Zimmer seit kurzem nannte und dies mittels eines selbstgebastelten Schildes bereits an der Tür bekanntgegeben hatte. Sie war sich nicht ganz sicher, ob sie diesen Anblick beunruhigend nennen sollte. Sieben Jungs hingen andächtig im Halbkreis geordnet vor dem Bildschirm, Marco – in der Mitte – klar erkennbar als Machthaber, denn er hatte die Mausgewalt. Virtuos surfte er von page zu page, konnte klar die wichtigen links von den unwichtigen unterscheiden. Seine Kommentare schienen aus langjähriger Erfahrung im verkabelten Wellenreiten zu stammen. Leise und fast erfurchtsvoll schloss Renate die Tür. Hatte sie doch spätestens in diesem Augenblick begriffen, dass Kinder ab einem bestimmten Zeitpunkt ihre eigenen Wege gehen, auf denen man ihnen nicht mehr folgen konnte. Als die Surfer kurz nach acht Uhr das Zimmer verließen, erschienen sie – wie sich das für Sportler gehört – in einem Zustand erschöpfter Zufriedenheit. Nach Verabschiedung seiner Gäste ließ sich Marco ins Sofa fallen und legte die Füße auf den Tisch. „Eh, das war echt spitzenmäßig.“ Sein „Danke für das Geschenk“ kam ehrlich aus vollem Herzen und berührte Renate und Werner zutiefst. Wortlos verständigten sich beide, Marco niemals zu erzählen, dass der Internet-Tipp von Opa stammte.

Hexen unter sich

Das Thema „Hexe“ ist zugegebenermaßen eines, das vorwiegend bei Mädchen aktuell ist. Die Jungs werden Sie für das Hexenfest wahrscheinlich weniger begeistern können.
Vielleicht möchten Sie dieses Fest zum Anlass nehmen, den teilnehmenden Kindern zu erzählen, dass es neben Bibi Blocksberg auch noch andere Hexen gibt. Egal, ob sie in Kinderbüchern oder auf Kassetten ihren Platz haben oder ob sie in der Vergangenheit lebten.

Hexenhüte

Aus Bastelkarton wird ein Halbkreis mit einem Durchmesser von 15-20 Zentimetern ausgeschnitten. Auf die Außenseite wird der Einladungstext geschrieben oder eine Fotokopie des Textes aufgeklebt. Die geraden Schnittkanten werden übereinandergelegt und festgeklebt. Vor dem Zukleben können in die Spitze bunte Bänder oder Schnüre zur Verzierung eingeklebt werden.

Giftgrüne Frischkäsetorte

175 g Löffelbiskuit
125 g Butter oder Margarine
300 g Joghurt
600 g Frischkäse
3 EL Zitronensaft
1 Päckchen Wackelpudding Waldmeister
evtl. grüne Lebensmittelfarbe
200 g frische Früchte nach Saison

Löffelbiskuit fein zerbröseln. Butter oder Margarine im Topf sanft schmelzen lassen, mit den Biskuitbröseln gut vermischen und in eine mit Backpapier ausgelegte Springform fest andrücken. Frischkäse, Joghurt und Zitronensaft zu einer glatten Masse vermischen. Das Wackelpuddingpulver unter die Frischkäse-Creme rühren. Wenn die Creme etwas zu fest wird, ein wenig Milch zugeben. Um das Grün kräftiger zu machen, kann mit Lebensmittelfarbe nachgeholfen werden. Die Creme auf die Biskuitmischung in der Form geben und circa drei Stunden zum Kühlen in den Kühlschrank stellen. Vor dem Servieren mit frischen Früchten belegen.

Wie sehen Hexen aus?

Um in die richtige Hexenstimmung zu kommen, können sich die Kinder gleich zu Beginn gegenseitig als Hexen schminken. Möglicherweise hat der ein oder andere Gast Schminkfarbe zu Hause und mag sie zum Fest mitbringen. Das erspart den Einkauf von größeren Mengen Farbe, die später nicht mehr gebraucht werden.
Danach können sich die Kinder standesgemäß verkleiden. Entweder mit abgetragenen Kleidern aus Ihrer Klamottenkiste oder – und das geht vor allem bei größeren Kindern – Sie stellen Stoffe, Stoffstreifen, Bettlaken, Schals usw. zur eigenen Kostümgestaltung zur Verfügung. Haben sich alle Gäste in Hexen verwandelt, kann's losgehen mit dem ersten Spiel:

Modenschau:
Jede verkleidete Hexe stellt sich den anderen vor, geht im Raum auf und ab. Sie erklärt dabei die besonderen Vorzüge ihres persönlichen Gewandes, z. B.:
„Meine wunderhübschen Schuhe sind bestens geeignet, um störrischen Eltern auf die Füße zu treten."
„Mein besonders langer Rock steuert mich immer in die richtige Richtung, wenn ich auf meinem Besen verreise."
„In meinem sehr großen Hut ist eine Antenne versteckt, mit der ich alle Gegenstände finden kann, die andere Leute verschlampt haben."

Helfen Sie mit geschickten Fragen ein wenig nach, wenn diese Hexenvorstellung ins Stocken geraten sollte.

Manche Hexen haben ziemlich große Füße:
Sammeln Sie für dieses Spiel rechtzeitig kleinere Pappkartons aus dem Aldi-Markt. Sie brauchen vier gleich große Kartons, die dann als Schuhe eingesetzt werden. Ein ausreichend großer Kreis wird in den Boden jedes Kartons geschnitten, damit man die Kartonschuhe anziehen kann. Mit den Schuhen an den Füßen wird ein Hindernislauf veranstaltet. Nachdem sich zwei gleich große Mannschaften gebildet haben, beginnen die ersten beiden Kinder. Der Startpunkt dient gleichzeitig als Zielpunkt. Die erste Hexe, die wieder im Ziel ist, zieht schnell ihre Hexenschuhe aus und übergibt sie der nächsten.

Wenn die Hexenpuste noch ausreicht, können Sie nach diesem Spiel gleich weitermachen:

Die Flugschule:
Es ist bekannt, dass die meisten Hexen fliegen können. Weniger bekannt ist, dass sie diese Fähigkeit zu Beginn ihrer Karriere erlernen müssen. Warum nicht heute damit beginnen?

Im Grunde handelt es sich bei diesem Spiel um ganz gewöhnlichen Weitsprung. Interessanter wird es, wenn die Hexen in ihren Kostümen zur Flugschule gehen und mit einem geeigneten Flugruf oder -schrei ihre Übungen machen. Am Ende wird von einem Hexenrat der weiteste, höchste oder schönste Flugversuch prämiert.

Für etwas ältere Hexen, im betagteren Alter ab etwa 6 Jahren, ist das nächste Spiel:

Die 1. Internationale Hexenmesse:
Je nach Gruppengröße tun sich zwei bis drei Hexen zusammen und denken sich aus, welcher besonderen Hexengruppe sie angehören. Sie beratschlagen, was die Spezialität dieser Hexeninnung ist und stellen diese auf der Hexenmesse vor.
Ich weiß von Hexen, die ausgesprochen gut langweilige Lehrer verzaubern können. Eine andere Gruppe, die ich kennen lernte, konnte bewirken, dass für einen Tag alle Autos stehen bleiben. Die letztere konnte höchst dramatisch erklären, was dieser Zauber für Auswirkungen in ihrer Stadt hatte.

Kräuterkundige Hexen:
Was die Kinderbuchhexen von heute gerne verschweigen: Die umfangreichen Kenntnisse über Heilkräuter zeichneten die Hexen von früher aus. Endlich Zeit, den Nachwuchs auf diese Fähigkeit hin zu prüfen. Dafür werden entweder richtige Heilkräuter oder Abbildungen aus Büchern gezeigt. Die Hexen sagen oder erraten, wie die Kräuter heißen und was sie bewirken.

Nach diesem ruhigeren Spiel ist es Zeit für ein bisschen Bewegung.

Der Hexentanz:
Ein Raum wird abgedunkelt und eine Hexenmeisterin bestimmt. Sie darf am Lichtschalter stehen, während die anderen zur Musik im

dunklen Raum zu tanzen beginnen. Bevor das Licht von der Meisterin angeschaltet wird, kündigt sie an: „Ich verzaubere euch in ... Bären." Die tanzenden Hexen sind auf der Stelle in Bären verzaubert und benehmen sich selbstverständlich auch so. In der nächsten Runde wechselt der Zauber. Wie wäre es mit Affen, Häusern oder Spaghetti? Na ja, das wollen wir der Hexenmeisterin überlassen...

Wenn Hexen essen...:
Jeweils zwei Spielerinnen ziehen sich ein großes Herrenhemd oder einen Regenmantel an. Ein Kind sitzt auf einem Stuhl, das zweite auf dessen Schoß. In die Ärmel schlüpft natürlich das unten sitzende Kind und muss nun seinen Mitspieler füttern, obwohl sein Kopf hinter der Verkleidung verborgen ist. Ein wahrhaft köstlicher Anblick...
Zum Essen geeignet sind Gummibärchen, Schokoküsse oder auch Butterstullen.

Hexenschmuck:
Das Hexen-Design-Team denkt sich aus, welches Symbol die Zaubergemeinschaft am besten repräsentieren würde. Ist es ein Hexenbesen oder ein Zaubertopf? Oder etwas ganz anderes? Aus Salzteig kann nun jede Einzelne das gemeinsame Zeichen herstellen. Im Ofen bei geringer Hitze getrocknet, können die Gäste nach dem Fest ihr Zeichen als Anhänger zur Erinnerung mit nach Hause nehmen.

Ein würdiger Abschluss für dieses Fest könnte sein:

Die Hexenprüfung:
Alle sitzen an einem Tisch. Vor sich hat jeder Gast Zettel und Stift. Unter dem Tisch werden mindestens fünf merkwürdige Sachen weitergereicht, die durch Fühlen erraten werden müssen. Damit sie auch nicht aus Versehen angeschaut werden, werden sie in Papiertüten versteckt. Als Rategegenstände kommen in Frage: Glitschige Seife, ein nasser Schwamm, eine Gummispinne, Schleim oder Knete. Die Lösungen werden verdeckt aufgeschrieben, denn erst am Ende des Spiels werden die Lösungen verglichen. Um die Prüfung erfolgreich zu bestehen, müssen mindestens vier von fünf Gegenständen erraten werden.

Gebackene Hexenbesen

200 g Magerquark
250 g Mehl
1 Päckchen Backpulver
7 EL Milch
7 EL Öl
1/2 TL Salz

Den Quark mit Öl, Milch und Salz verrühren. Das Mehl mit dem Backpulver gut mischen und die Hälfte davon zur Quarkmischung geben. Kräftig verrühren und dann die zweite Hälfte des Mehls untermengen und den Teig gut durchkneten.
Aus zwei Dritteln des Teiges die Besenstiele formen, diese Menge ergibt etwa acht bis neun Stück. Aus dem restlichen Teig wird die untere Besenhälfte, also der Reisig gestaltet. Dafür ein längliches Stück flach drücken und mit einem Messer in nicht zu dünne Streifen schneiden. Nun die Besen zusammensetzen und bei 180 Grad bis zur Bräunung etwa 20 Minuten backen.

Früchtebowle

1 l kalter Pfefferminztee
1 l Mineralwasser
1 l Apfelsaft Rio d´oro
2 Äpfel
1 Banane
1 Dose Mandarinen
1 Zitrone
5 EL Zucker

Das Obst schälen und in kleine Stücke schneiden. Sofort mit dem Saft der Zitrone übergießen und Zucker dazugeben. Mit dem Pfefferminztee und dem Apfelsaft auffüllen. Ein bis zwei Stunden durchziehen lassen und vor dem Servieren mit Mineralwasser auffüllen. Servieren Sie die Bowle in Gläsern mit Zuckerrand (Gläser vorher anfeuchten und in Zucker tauchen) und langstieligen Löffeln.

Zu Abend gibt es Hexensuppe aus Gemüse der Saison und Kartoffeln. Und damit es eine wirksame Hexensuppe wird, müssen alle mithelfen. Zum Gelingen trägt wesentlich ein passender Hexenspruch bei. Ein Vorschlag:

800 g Gemüse nach Saison
500 g Kartoffeln
1 Zwiebel
1 EL Margarine
1 Knoblauchzehe
1 TL Tomatenmark
3 Gemüsebrühwürfel
Salz, Pfeffer
geriebener Käse

Das Gemüse und die Kartoffeln waschen und zerkleinern. Die feingehackte Zwiebel im heißen Fett leicht anbräunen, erst das Tomatenmark, dann das Gemüse mit den Kartoffeln dazugeben und kurz weiterrühren. Mit etwa 1 1/2 Liter Wasser auffüllen. Die Gemüsebrühwürfel zugeben, mit Salz, Pfeffer und zerdrücktem Knoblauch würzen. Wichtig ist, dass die Suppe immer wieder unter Aufsagen des Zauberspruchs umgerührt wird.
Wenn die Kartoffeln gar und das Gemüse bissfest sind, die Hexensuppe auf Teller verteilen und je nach Geschmack mit geriebenem Käse bestreuen.

Ein hexisches Gastgeschenk ist das selbstgefertigte Hexensymbol aus Salzteig. Dazu noch ein Sofortbild im zauberhaften Kostüm. Und nach bestandener Hexenprüfung muss natürlich ein entsprechendes Zeugnis überreicht werden.

Julia, 16 Jahre

Als Julia ihrer Mutter Brigitte drei Monate vor ihrem 16. Geburtstag unterbreitete, dass sie in diesem Jahr für die Gestaltung ihrer Geburtstagsfeier selbst sorgen wolle, war diese hocherfreut. Schließlich hatte sie als Mutter bereits 27 Kindergeburtstage organisiert, die Feten des elfjährigen Sebastian miteingerechnet. Sie nahm die Willenserklärung ihrer Tochter mit einem Hauch Wehmut zur Kenntnis. („Ach, wie schnell doch die Kinder groß werden, da merkt man wieder, wie alt man selbst wird...“) Andererseits erfüllte sie dies auch mit Genugtuung. Zeigte dies doch, dass ihr Erziehungsstil Früchte trug und sie ihrem Ziel, den Kindern stets Raum für eigene Ideen und die Entfaltung ihrer Kreativität zu lassen, näher und näher kam.

Dass Kreativität allerdings recht unterschiedlich definiert werden konnte, merkte sie, als Julia ihre Idee in Worte fasste. Ihre Taktik fußte auf guten rhetorischen Grundkenntnissen. Aus welcher Quelle auch immer diese stammen mochten.
„Mama, du weißt, ich werde 16. Du wirst mir doch sicher zustimmen, dass die Zeit von Topfschlagen und Brezelschnappen nun vorbei ist.“ Mama lächelte verständnisvoll. Die erste Hürde war genommen, Mama war auf ihrer Seite. „Deine Idee mit der Bowlingbahn, als ich zehn wurde, war toll und die geile Fete in der Wochenendhütte von

Opa im letzten Jahr werde ich nie vergessen." Mama war geschmeichelt. Julia hatte die zweite Hürde elegant genommen. „Und deshalb, Mama, habe ich es mir wirklich nicht leicht gemacht mit der Idee für meinen Sechzehnten." Mama war noch mehr geschmeichelt, um nicht zu sagen, eingewickelt. Die dritte Klippe war galant umschifft.
„Du weißt sicherlich noch aus eigener Erfahrung, dass man mit 16 sozusagen fast erwachsen ist." Mama dachte über ihren 16. Geburtstag nach und konnte dem eigentlich nicht zustimmen. Aber heutzutage waren die Kinder ja anders. „Ich wollte in diesem Jahr nicht in großer Runde feiern." Mama war erleichtert. „Ich dachte mir, dass ich nur mit Ragna feiern werde. Sie ist schließlich meine beste Freundin." Mama war noch mehr erleichtert. „Damit es trotz allem ein schönes Fest wird, musste ich mir etwas Besonderes einfallen lassen." Brigittes Antennen stellten sich, gewarnt durch mütterliche Intuition, auf Feinempfang. „Ich dachte, es wäre etwas ganz Besonderes, wenn ich Ragna zu einem Wochenende in einem Luxushotel einladen würde. Nur sie und ich. Ich habe mich schon erkundigt, da gibt es ganz tolle günstige Angebote, so um die 200 bis 300 Mark." Das „pro Person" nuschelte sie kaum hörbar in den Kragen ihres Ringelpullovers.

Julia nutzte die akute Sprachlosigkeit ihrer Mutter, um ihr das ganze Konzept vorzustellen. Detaillierte Kosten-Nutzenrechnung inbegriffen. Brigitte musste trotz ihrer Vorbehalte zugeben, dass ihre Tochter ungeahnte Fähigkeiten in Sachen Organisation und Planung an den Tag legte. In einer abendlichen Familienvollversammlung wurde beschlossen, Julias Wunsch zu genehmigen. Das gewählte Hotel war zwar nicht ganz so luxuriös wie geplant, auf die Reise verzichtete man und entschied sich für ein kleines, schnuckeliges, familiengeführtes Hotel in ihrer Heimatstadt. Schließlich war das Wesentliche für Julia die Vorstellung, ein bisschen Selbstständigkeit, Abenteuer und erwachsene Freiheit auszuprobieren.

Dass es Brigitte dann doch nicht schaffte, die beiden ganz alleine feiern zu lassen, wirft sie sich bis heute vor. Sie brachte die beiden zwar ins Hotel und verabschiedete sich mit den besten Wünschen für ein fröhliches Feiern, konnte es jedoch nicht über sich bringen, einfach nach Hause zu fahren. Zunächst wollte sie nur einen Tee im gegenüberliegenden Café trinken. Ein bisschen nachdenken und ausspannen. Es dauerte eine Weile bis sie sich eingestehen konnte, dass sie der Ansicht war, dass Kinder in diesem Alter bei weitem noch nicht erwachsen waren. Sie bestellte eine weitere Tasse Tee, um an ihrem Fensterplatz bei guter Sicht darauf zu warten, was die Mädchen tun würden. Dass diese sich einfach einen netten Abend im Restaurant des Hotels machten, dabei genüsslich die Kellner hin und her schickten und sich angeregt über irgendwelche Dinge unterhielten, die scheinbar wahnsinnig komisch waren, erstaunte Brigitte. Und nach ihrer dritten Tasse Tee fand sie es dann etwas beschämend, ihrer eigenen Tochter so wenig zu vertrauen, dass sie ihr nachspionieren musste. Leicht zerknirscht fuhr sie um halb zwölf nach Hause.

HOTEL
Restaur
CAFÉ

Am nächsten Morgen holte sie die beiden wie verabredet um elf Uhr ab. Sie waren müde, aufgedreht und bei bester Laune. Julia warf beim Anblick ihrer Mutter ihre Tasche mit überschwänglicher Fröhlichkeit hin und umarmte sie. „Ach Mama, das war schön. Ich fand es supergeil. Aber am allercoolsten ist, dass du es tatsächlich ausgehalten hast uns alleine zu lassen.“

Das Graffiti-Meeting

So mancher weise Stadtplaner hat festgestellt, dass es sinnvoll ist, Graffitikünstlern Raum zu geben, ihre Werke an geeigneter Stelle anzubringen. Denn schließlich sind diese Werke mittlerweile Teil unserer Kultur. Dafür sollte Platz sein. Auch wenn Sie ihn selbst schaffen müssen. Das gehört dazu.

Pro Einladung wird ein bunter Luftballon aufgeblasen und das Ende nur zugehalten, nicht zugeknotet. Auf den gefüllten Ballon wird mit wasserfestem Filzstift der Einladungstext geschrieben. Denken Sie an den Hinweis, dass ein altes Hemd oder Malkittel mitgebracht werden soll. Nun wird die Luft wieder herausgelassen. Der Ballon wird dann auf einem Stück buntem Bastelkarton im Postkartenformat befestigt. Hierfür einfach zwei kleinere, parallel verlaufende Schnitte mit einem Cutter machen und das Ende des Ballons durchziehen. In einen Briefumschlag stecken und buntes Konfetti einfüllen.

Bunte Vanilletorte

250 g Weizenmehl
50 g Vanille-puddingpulver
2 TL Backpulver
125 g Zucker
100 g Butter oder Margarine
3 Eier
1/4 l Orangensaft
200 g Doppelrahm-frischkäse
3 EL Puderzucker
Lebensmittelfarben

Mehl, Puddingpulver und Backpulver in eine Schüssel sieben. Butter- oder Margarineflöckchen und Zucker zugeben. Die Zutaten zusammenrühren bis eine krümelige Masse entstanden ist. Dann die Eier und den Orangensaft zugeben und glattrühren. Den Teig in eine gut gefettete Springform geben, die Oberfläche glattstreichen. Im vorgeheizten Ofen circa 25 Minuten bei 180 Grad backen. Kurz in der Form stehen lassen, dann auf ein Kuchengitter zum Abkühlen stellen. In der Zwischenzeit den Frischkäse mit dem Puderzucker gut verrühren. Die Käsemasse zur Hälfte auf vier Schüsselchen verteilen und jeweils mit verschiedenen Lebensmittelfarben verrühren. Die ungefärbte Hälfte auf der Torte verstreichen. Die gefärbte Masse in einen Spritzbeutel füllen und die Torte mit farbigen Klecksen versehen.

Die Mal-Aktionen sollten sich nach dem Alter der Kinder richten. Mit kleineren Kindern richtig zu sprayen ist sicherlich nicht nur nervenaufreibend, sondern kann auch gefährlich sein. Auch bevor die Kids eine „Sprühlizenz" haben, können Sie mit ihnen gute Mal-Aktionen im Freien machen.

Wenn ein großes Gemeinschaftswerk geplant ist, können alte Bettlaken oder Tischtücher, die sonst nur ein tristes Dasein im obersten Schrankfach fristen, zu neuem, buntem Leben erweckt werden. Wenn auf Papier gemalt werden soll, eignet sich als billige Lösung die Rückseite alter Tapetenrollen. Als Mal-Utensilien können Finger-, Bastel- oder Dispersionsfarben verwendet werden. Pastellfarben lassen sich gut aus Spinat, Rote-Beete-Saft, Kamille, Kaffee, Tee oder Sud von Walnussschalen selbst herstellen. Aber auch mit Erde, Lehm oder einem Sand-Kleistergemisch lassen sich schöne Werke gestalten. Neben Pinseln dienen Kartoffeln, Lauch, Weißkohl oder Blätter und Zweige als Farbträger.

Bei freier Gestaltung ist ein gemeinsames, vorgegebenes Thema gut, innerhalb dieses Rahmens ist die Gestaltung völlig freigestellt. Ein paar Beispiele für mögliche Themen: Was ich mir wirklich wünschen würde, was aber überhaupt nichts kostet. Wie ich mir mein schönstes Geburtstagsfest vorstelle. Wie ich mir eine Schule vorstelle, in die alle Kinder gerne gehen.

Eine andere Möglichkeit, die auch zusätzlich zur freien Gestaltung angeboten werden kann, ist Dosendruck. Hierzu werden leere, randgesäuberte Weißblechdosen außen mit Bastelkleber angestrichen, dann mit dicker Kordel eng umwickelt. Nach dem Trocknen können die Dosen in Bastelfarbe gewälzt werden. Auf Papier oder Stoff werden die Farbträger mit mehr oder weniger Druck gerollt. Je nach Druckstärke entstehen unterschiedliche Muster.

Mit Schablonen- oder Gemüsedruck können alternativ auch T-Shirts oder Baumwolltaschen (gibt's bei Aldi) bedruckt werden. Hierbei muss Textilfarbe verwendet werden (gibt's im Bastelgeschäft), die auch das Waschen in der Waschmaschine aushält.

Wenn bei Ihnen zu Hause kein Platz ist, kann ein öffentlicher Park ein passender Ort für ein solches Fest sein. Erkundigen Sie sich sicherheitshalber vorher bei der Stadt- oder Gemeindeverwaltung, wo Sie unbehelligt feiern können. Wenn Sie sprühen, sollte das in jedem Fall an der frischen Luft stattfinden. Egal, was auf den Dosen steht.

Melonenschiffchen mit Pute

Die Wassermelone in mundgerechte Stücke, die Putenbrust in feine Scheiben schneiden. Zusammen mit dem Fladenbrot servieren.

1 Wassermelone
200 g heiß-geräucherte Putenbrust
2 Fladenbrote

Überbackene Maischips

Die Maischips werden auf einem mit Backpapier ausgelegten Backblech ausgebreitet. Darüber werden der abgetropfte Mais, die kleingehackten Tomaten und die Frühlingszwiebeln verteilt. Am Schluss wird der geriebene Käse darübergestreut. Im vorgeheizten Backofen bei 175 Grad circa zehn Minuten backen bis der Käse goldgelb ist.

Zusammen mit fertiger Sauce servieren. Je nach Alter und Geschmack der Kinder ist alles erlaubt – von Ketchup bis Chilisauce.

2 Tüten Maischips
1 Dose Gemüsemais
4 Tomaten
2 Frühlingszwiebeln
250 g geriebener Käse

Entweder können die Kinder ihre selbstbedruckten T-Shirts oder Taschen mitnehmen. Oder Sie schenken eine Eintrittskarte ins Museum für weitere Inspirationen.

HÄPPI BÖRSDEI TU JUHUUUU...

Das mag ich gar nicht: Pferde, die mir entgegenkommen; Enge; Menschen, die in meine Box hineinstürmen; wegen meines empfindlichen Körpers mag ich keine langen Decken; und ich mag es nicht, wenn der Sattelgurt schnell angezogen wird

Meine Charaktereigenschaften: Ich habe eine besondere Bewegungsqualität und auch Beweglichkeit in allen drei Grundgangarten.
Ich brauche ruhige Bewegungen.
Ich bin leistungsbereit, wenn man mich versteht.
Ich bin eher introvertiert – aber schl

Liebe Freunde von Sterntaler,

als Mädchen habe ich mich häufig mit den Pferden unterhalten. Sie haben mir ihre Geschichten erzählt und mich glücklich gemacht. Nach vielen Jahren intensiven Trainings und Erfolgen habe ich Sterntaler bekommen und ins Herz geschlossen, wie alle anderen Pferde auch. Ich habe mir vorgestellt, wie Sterntaler euch hier seine eigene Geschichte erzählt. Sterntaler hat sich vom Fohlen zum Turnierpferd entwickelt. – Es ist eine wahre Geschichte! Die Siege von Sterntaler habe ich der Hilfsorganisation UNICEF gewidmet, die ihr sicher kennt. Darum heißt er auch Sterntaler UNICEF.

Ich wünsche euch nun viel Spaß und Freude!

Eure

Ann Kathrin Linsenhoff

Ann-Kathrin-Linsenhoff-
unicef Stiftung

5 4 3 2 1 16 15 14 13 12

ISBN 978-3-649-60507-2

www.coppenrath.de

Sterntaler

Mein Weg zum erfolgreichen Turnierpferd

Erzählt von Myriam von Korff
Mit Bildern von Tina Frankenstein-Börlin

COPPENRATH

Als Hengst bin ich auf diese Welt gekommen und mein Name ist Sterntaler.
Meine Mutter hat mich elf Monate in ihrem Bauch getragen, bis ich am 20. April 1995 geboren wurde.

Eines Tages begann alles um mich herum ganz hell zu werden. Es raschelte, pikste und kitzelte. Ich hatte keine Ahnung, wo ich war. Meine Geburt ging sehr schnell. Das Fell war klebrig und nass, und mit den Vorderhufen musste ich mich energisch aus der Fruchtblase befreien, um Luft zu bekommen. Die Nabelschnur, durch die ich im Bauch meiner Mutter Nahrung bekommen hatte, riss ganz von allein ab. Sie brauchte ich jetzt nicht mehr.

Das Erste, was ich spürte, war die Nähe von Alina, meiner Mutter. Ich vernahm ihr leises Wiehern, mit dem sie mich begrüßte. „Willkommen im Leben, Sterni!“, und schon hatte ich meinen Spitznamen weg. Alina wärmte und säuberte mir mit ihrer Zunge das Fell. Müde von der ganzen Anstrengung streckte ich mich im Stroh aus. Wenn meine Mutter bloß gewusst hätte, wie gemütlich das war und wie gerne ich weitergeschlafen hätte! Aber Alina wollte, dass ich aufstehe, und schubste energisch an mir herum. „Steh auf, Sterni“, hörte ich sie liebevoll schnauben. Auch sie war vollkommen erschöpft, ließ aber trotzdem nicht locker.

Ich sollte auf die Beine kommen, doch das war gar nicht so einfach, obwohl ich mir die größte Mühe gab. Nach mehreren vergeblichen Versuchen gab ich mir einen energischen Ruck und stand auf einmal wackelig und schwankend auf meinen vier für mich viel zu langen Beinen. Sie waren so lang, dass ich sie noch gar nicht sortieren konnte, und schon verlor ich mein Gleichgewicht. Plumps, unsanft fiel ich zurück ins warme Stroh! Aufgeben wollte ich aber nicht und rappelte mich wieder hoch. Schließlich wollte ich ja doch ins Leben starten und

Hunger hatte ich auch! Also holte ich ordentlich Schwung. Und hops! Alina half mir auf die Beine. Schaukelnd versuchte ich mein Gleichgewicht zu halten und dieses Mal schaffte ich es auch. Ich stand!

Alina lobte mich mit einem freudigen Wiehern und schob ihren Bauch in meine Richtung. „Jetzt nur noch nach vorne bewegen“, dachte ich. Es duftete so herrlich nach warmer Milch. Ich schwankte in Alinas Richtung, aus der der Geruch kam, und stupste meine Nase gegen ihren Bauch. Irgendwo musste es hier doch Milch geben! „Endlich!“, seufzte meine Mutter, als ich den ersten Schluck gemacht hatte. Ihr tat wohl das pralle Euter weh und ich trank und schmatzte die köstliche warme Milch in mich hinein. Die Anstrengung war riesengroß, aber ich wurde bald ordentlich satt und gleich wieder schläfrig. Völlig erschöpft ließ ich mich ins Stroh fallen und schlief augenblicklich ein.

Ich hatte wohl lange geschlafen. Bis ein Geräusch meine Neugierde weckte. Das allererste Mal hörte ich eine menschliche Stimme und spürte die Berührung einer menschlichen Hand auf meinem Hals. Ups, bin ich erschrocken! So schnell wie möglich versuchte ich mich aufzurappeln. Vor lauter Schrecken klappte das auch sofort. Ganz eng drängte ich mich an meine Mutter, sah mich zunächst ängstlich in der Box um und entdeckte ein junges Mädchen, welches lachend im Stroh hockte. „Was gibt es da zu lachen? Lacht sie mich aus oder lacht sie mich an?“ Aber Annas Stimme war so sympathisch, als sie mit mir sprach, dass ich mich schnell beruhigte. Langsam stand sie auf, kam auf mich zu und legte ihre weiche Hand auf meinen Hals, um mich zu streicheln. „Schnell weg!“, schoss es mir durch den Kopf. „Du brauchst keine Angst zu haben“, hörte ich Alina leise schnauben, „dieses Menschenkind ist unsere Freundin. Sie wird dir nichts tun, Sterni.“ Also stand ich still. Ganz behutsam ließ Anna ihre Hand von meinen Ohren über den Hals und meinen Rücken bis hinten zur Kruppe gleiten. Dort kraulte sie mich über meinem Schweifansatz. Es schien alles in Ordnung, tat sogar sehr gut. Immer noch ein wenig misstrauisch, aber genüsslich streckte ich meinen Hals und verdrehte meinen kleinen Kopf. Ich spürte dabei genau jede Berührung. Angst hatte ich jetzt nicht mehr. Ich konnte mich wieder meinem Hungergefühl widmen. Ich wusste ja nun schon, wie es ging. Alina konnte stolz auf mich sein. Während ich trank, kraulte mich Annas weiche Hand und störte überhaupt nicht. Es war meine erste Begegnung mit Anna und ich mochte sie von da an sehr. Ich ahnte allerdings noch nicht, wie wichtig die Menschen in meinem Leben werden sollten.

An meinem zweiten Lebenstag durfte ich dann auch schon ein paar Minuten auf die große grüne Wiese, um die ersten Schritte zu üben. Ein Bein vor das andere zu setzen und Alina dabei nicht zu verlieren, war gar nicht so einfach. Ihr leises Wiehern hörte ich, sobald ich den Anschluss verpasste. Also musste ich irgendwie hinterher. Schon sehr bald begann ich dann auch, kleine Sprünge zu machen. Meine Beine waren mir zwar viel zu lang und staksig, aber ich wurde zunehmend sicherer. Das Leben war schön.

Anna, die sich jeden Tag um uns kümmerte, war unsere Freundin. Sie sorgte sich um uns, und immer wenn sie kam, hatte sie auch neue Ideen. Schon nach ein paar Tagen legte sie mir ein Halfter um den Kopf. Nur so ganz nebenbei und ganz schnell. Es tat nicht weh, war eben nur ungewohnt und juckte am Anfang auch ein wenig. Danach ließ sie mich aber wieder ganz in Ruhe und ich gewöhnte mich schnell daran.

Nach einer Weile befestigte sie dann einen bunten Strick an meinem Halfter und führte Alina und mich daran neben sich her. Natürlich hatte ich zuerst gar keine Lust dazu und verstand auch nicht so ganz, was sie von mir wollte. Viel lieber lief ich doch frei neben Alina her. Anna aber hatte viel Geduld mit mir, und es dauerte nur kurze Zeit, bis mir klar wurde, dass ich sie begleiten sollte. Anna unternahm kleine Spaziergänge mit mir allein und Alina musste auf der Weide oder in der Box auf uns warten. Das gefiel ihr gar nicht, sie befürchtete wohl, dass wir nicht mehr wiederkamen. Sie lief dann aufgeregt hin und her, wieherte laut und beruhigte sich erst, wenn wir wieder zurückgekehrt waren.

Den Strick, an dem sie mich bisher nur geführt hatte, knotete Anna dann bald an einem Eisenring in der Stallmauer fest, und ich lernte stillzustehen, wenn sie mein Fell mit der weichen Bürste säuberte. Durch Anna lernte ich auf drei Beinen zu stehen, nacheinander jedes Bein hochzunehmen und zu warten, bis sie mir meine kleinen Hufe mit der Hufbürste vorsichtig gereinigt hatte. Wenn es sehr heiß war, spritzte Anna mich mit kaltem Wasser ab. Wasser war toll. Es kühlte und spritzte und gurgelte an mir herunter. Ein herrliches Spiel, wenn ich versuchte, aus dem Wasserschlauch zu trinken. Meine Freude war groß, wenn Anna mich lobte und streichelte, und ich glaube heute noch, dass sie Freude daran gehabt hat, wie schnell ich gelernt habe.

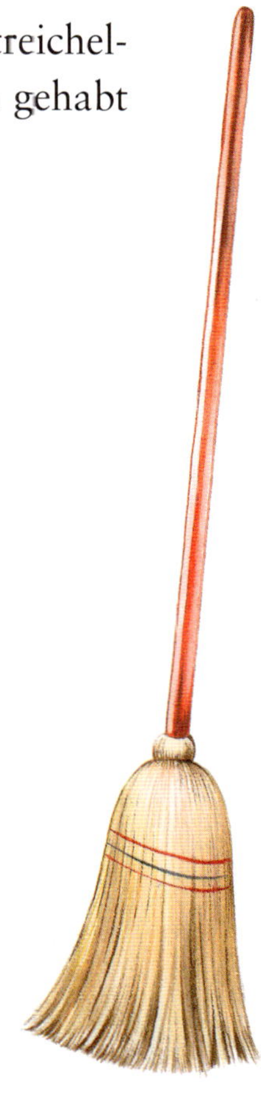

Jeder Tag war neu, war anders. Ich entwickelte mich. Ich wurde sicherer. Auf der Weide haben anfangs immer alle über mich gelacht, denn meine Beine waren irgendwie noch länger als mein Hals. So musste ich meine beiden Vorderbeine immer ganz weit auseinandergrätschen, damit ich an den Grashalmen knabbern konnte. Das sah wohl sehr komisch aus. Oft wäre ich dabei fast umgefallen. Alina war gerne auf der Weide, sie graste in einer Tour. Manchmal wurde mir das zu langweilig, und so begann ich, die Gegend zu erkunden. Laufen, springen und galoppieren machte mir am meisten Spaß und so hüpfte ich immer um meine Alina herum. Wenn ich müde wurde von dem ganzen Getobe, legte ich mich einfach ins grüne Gras und ließ mir die Sonne auf den Bauch scheinen. Oft setzte sich auch Anna zu uns auf die Weide. Sie hatte mir ein Wasserloch gegraben, einen Ball hineingelegt und wir spielten dann gemeinsam damit. Seitdem habe ich nie Angst vor Wasser, Pfützen oder Gräben gehabt. Derweil graste Alina weiter und weiter und weiter… Und auch mein Hunger wurde immer größer und größer…

Wenn Alina dreimal am Tag gefüttert wurde, habe ich immer mal ein paar Körner von ihr probiert. „Mmmmhhh, gar nicht übel!“ Bald bekam ich dann auch meinen eigenen Fohlentrog (na endlich!) mit Gitterstäben obendrauf. Da passte nämlich nur meine schmale Fohlennase durch, aber nicht der große Kopf von Alina, die mir andauernd meine Futterration stibitzen wollte. Sie hatte wohl immer Hunger… Oft kamen die Menschen und betrachteten mich von allen Seiten, als ob ich ein kleines Wunder wäre. „Das bin ich ja wohl auch!“, dachte ich und hatte nichts dagegen.

Dann kam der Tag, an dem ich meinen Fohlenbrand bekommen sollte. Ein fremder Mann war auf den Hof gekommen. Aus seinem Auto holte er einen kleinen Ofen und hielt das Brandeisen in die Flamme, damit es heiß wurde. Anna hielt mich am Strick fest. Richtig erschrocken bin ich, als man mir das glühende Eisen auf die linke untere Pobacke drückte. Es ging zwar sehr schnell, aber ganz ehrlich, es tat einen Moment scheußlich weh, nicht lange, aber heftig. Mit einem großen Satz sprang ich zur Seite und wollte fliehen. Gott sei Dank hat mich Anna auch gleich laufen lassen und der Schmerz ist schnell vergangen. Von nun an war der Oldenburger Brand auf meiner Pobacke zu sehen, denn: An der Stelle, auf die das heiße Brandeisen gedrückt wurde, war mein Fell in Form eines Oldenburger Brandes gezeichnet.

Nun gehörte ich dem Oldenburger Zuchtverband an und war mächtig stolz auf mein Familienwappen. – Warum? Ich gehörte von nun an zur großen Familie der Oldenburger Pferde, so wie meine Mutter Alina ja auch. Ich wurde mit meinem Namen „Sterntaler" und meinem ganzen Stammbaum – Pedigree nennen es die Menschen – in das Oldenburger Zuchtbuch eingetragen. Den Schreck hatte ich schnell wieder vergessen, aber meinen Brand nicht, er gehörte von nun an zu mir und ich zum Oldenburger Zuchtverband!

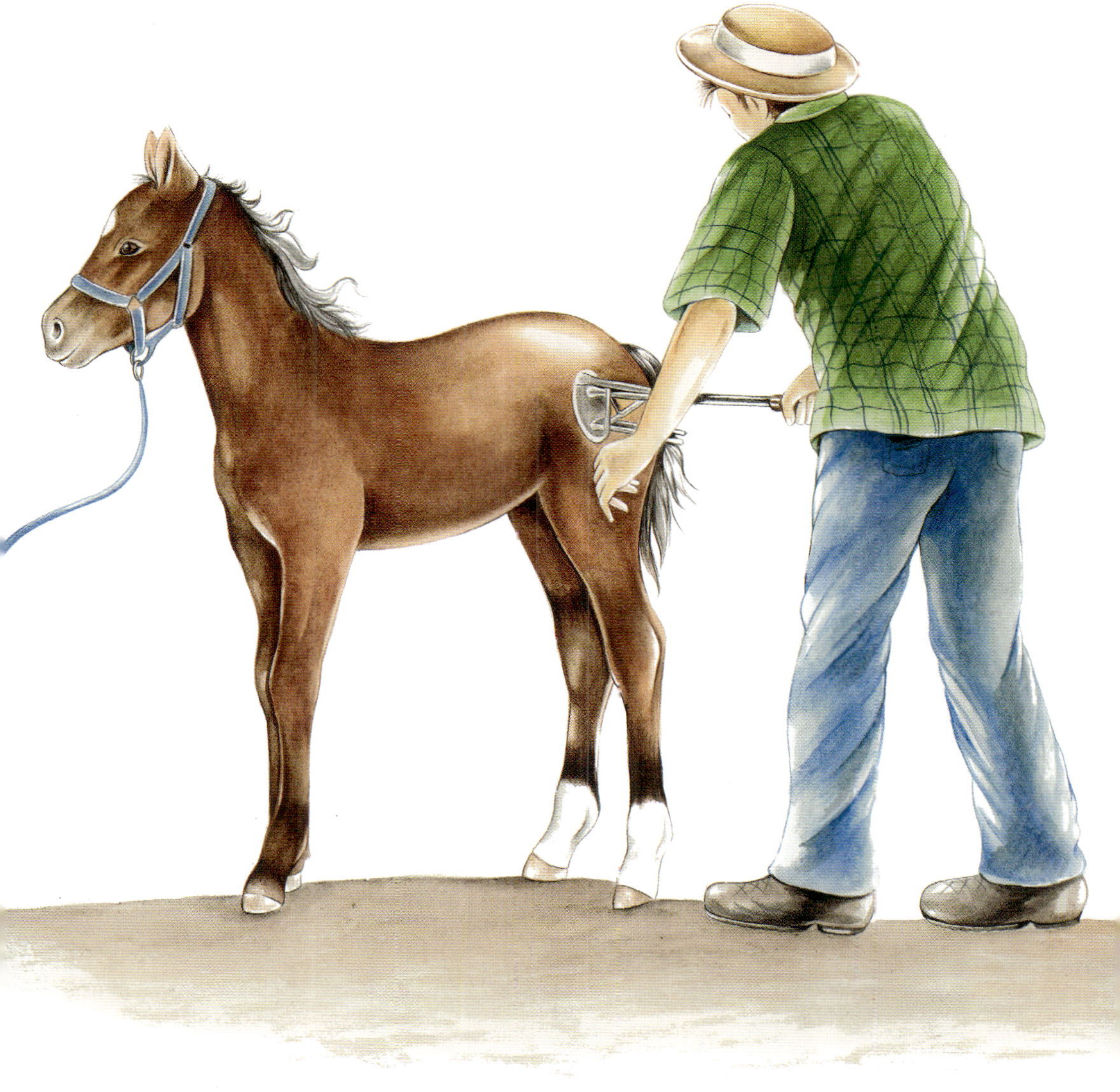

Holsteiner

Mecklenburger

Brandenburger
(seit 2003: Deutsches Sportpferd)

Rheinländer

Zweibrücker

Baden-
Württemberger

Oldenburger

Hannoveraner

Westfalen

Hessen

(bis 2009)

Bayern

Trakehner

Es gibt noch viele andere Pferdefamilien. Die Menschen nennen sie Zuchtverbände. Da wäre zum Beispiel noch der Hannoveraner Zuchtverband. Die Hannoveraner geben sich immer sehr, sehr vornehm und treten mit ihren Beinen die Sterne weg, so toll können die sich bewegen!

Dann der Holsteiner Zuchtverband, ich glaube, seine Familienmitglieder können alle sehr gut und schwindelerregend hoch springen.
Ich habe auch Pferde aus der Familie des Westfälischen Zuchtverbands kennengelernt. Die kann jeder reiten, sie machen wirklich alles mit (hi,hi)!

Die Familie des Trakehners ist bekannt durch ihre Härte und Ausdauer. Auf der Flucht vor der russischen Armee sind sie mit ihren Leuten über viele Hundert Kilometer durch Schnee und Eis nach Deutschland gezogen und haben diese Strapazen durchgestanden. Ich könnte noch viele andere Pferdefamilien, Zuchtverbände, aufzählen, aber dann wäre ich übermorgen noch dabei. Eines ist jedoch sicher, jede Pferdefamilie hat ihre besonderen Eigenarten, auf die ihre Züchter stolz sind. Pferdefamilie hin oder her, Brand hin oder her, meine kleine Welt mit Alina und Anna war schnell wieder im Lot und sicherlich, wenn ich heute zurückdenke, die schönste Zeit in meinem Leben.

An einen weiteren wichtigen Tag erinnere ich mich auch noch sehr gut. Wie gesagt, Anna war eben immer wieder für Überraschungen gut. An diesem Tag kamen Alina und ich nicht auf die Weide, sondern wir wurden herausgeputzt.

Anna striegelte uns stundenlang und ich musste die ganze Zeit angebunden stillstehen und fand das ziemlich langweilig. Meine Mähne kämmte sie viel gründlicher, als ich es gewohnt war, und befestigte Gummis und weiße Klebestreifen um jeden einzelnen der vielen Zöpfe, die sie geflochten hatte. Später sollte diese Prozedur einmal zu meinem Leben gehören, wenn es um große Auftritte und Turniere ging, aber das wusste ich ja jetzt noch nicht. Was dann kam, habe ich nur meiner Mutter zuliebe getan. Anna führte sie auf einen Pferdeanhänger und ich musste hinterher. Nachdem ich – eher widerwillig – hinter Alina die Rampe hinaufgestolpert war, wurde er verschlossen. Alina hatten sie sogar angebunden, aber sie schien das völlig normal zu finden. Ich spürte, wie sich der Anhänger in Bewegung setzte, und stolperte von einem Bein aufs andere. Es war eine sehr schaukelige Angelegenheit und ich konnte mein Gleichgewicht kaum halten.

Nach einiger Zeit, die nicht sehr angenehm war, kam der Anhänger zum Stehen. Mir war ganz schwindelig. Als wir aus diesem schwankenden Gefährt wieder herausgelassen wurden, waren wir an einem anderen Ort. Ich sah mich um. Und wie schön! Viele andere Mutterstuten mit ihren Fohlen waren auch da und genauso schön herausgeputzt wie wir. Es herrschte eine aufgeregte Stimmung, Stuten und Fohlen wieherten durcheinander, Menschen führten sie neben sich her, versuchten sie zu beruhigen. „Sterni, willkommen auf der Fohlenschau!“, flüsterte mir Anna ins Ohr. Jetzt war es klar. Der erste Wettbewerb also im Leben eines talentierten Pferdes. Die Menschen wollen sehen, welches das schönste Hengst- oder Stutfohlen ist und wer von uns sich wohl am besten zeigen kann. Ich trabte ganz aufgeregt neben Alina her, die mich immer wieder ermahnte, bei ihr zu bleiben. Richter standen in der Mitte und schauten uns Fohlen interessiert zu, sie beobachteten jeden Schritt mit wichtig gerunzelter Stirn. Dann kritzelten sie ihre Meinung auf ein Blatt Papier. Schritt, Trab, Galopp, sie wollten alles ganz genau sehen.

Alina und ich mussten uns an die Spitze der Prozession setzen. Ich trabte und trabte und trabte… Am Ende gab es eine Schleife für meine Mutter und mich. Anna war mächtig stolz und fiel uns um den Hals. „Oh, wie toll!“, rief sie immer wieder. So hatte sie sich noch nie gefreut! „Gern getan“, dachte ich.

Anna musste viele Hände schütteln. Endlich traten wir wieder den Heimweg an. Zu Hause angekommen, befreite mich Anna von allen Gummis und Klebestreifen und nach einer ordentlichen Portion Futter durften wir wieder auf unsere geliebte Weide. Menschen lassen sich alles Mögliche einfallen, aber ich verstand die ganze Aufregung eigentlich nicht. Uns würde ja die Weide genügen. Erst einmal sollte sie uns auch erhalten bleiben.

Mittlerweile war ich ein halbes Jahr alt geworden. Die Zeit, mich von Alina trennen zu müssen, war gekommen. Ich war nun alt genug, um ohne sie klarzukommen. Ihre Milch brauchte ich nicht mehr. Ich war ja schon so groß, dass ich richtiges Pferdefutter, duftendes Heu und frisches grünes Gras von der Wiese fressen konnte. Auch wenn ich mein Leben mit meiner Mutter Alina, der warmen Box und der grünen Weide liebte. Und natürlich meine Freundin Anna, die immer da war, uns versorgte, mit mir spielte, mir vieles beibrachte und die ich so sehr mochte. So braucht ein junges Pferd doch Spielkameraden, mit denen es Freundschaften schließen und mit denen es sich messen kann. Anna wusste das.

An jenem Tag kam Anna nicht alleine. Zwei fremde Männer waren bei ihr. Sie befestigten Stricke an unseren Halftern. Das kannte ich ja schon. Aber es war anders als sonst, das spürte ich. Vielleicht habe ich es auch gemerkt, weil Alina ganz verrücktspielte. Sie ahnte wohl, was jetzt kam, und wollte sich wehren. Doch man führte sie mit beruhigender Stimme in die Box und schloss vor meiner Nase die Tür zu. Ich durfte nicht mehr hinterher! Zu zweit führten mich die Männer von der Box weg, ich wehrte mich und stemmte die Beine in den Boden. Die beiden Männer redeten ganz ruhig auf mich ein und tätschelten mir andauernd den Hals. Unsympathisch waren sie nicht, das gebe ich zu, und außerdem muss ich gestehen, dass ich neugierig wurde. Alinas verzweifeltes Wiehern ließ mich dennoch zögern. Eine Weile geschah nichts, die Men-

schen gaben mir viel Zeit, mich zu entscheiden. Und tatsächlich folgte ich ihnen, gespannt darauf, was nun geschehen würde. Ich folgte, ohne zu ahnen, dass ich Alina das letzte Mal gesehen hatte.

Um die Ecke stand ein großer Lkw, ein Pferdetransporter. Er sollte mir später einmal keine Angst mehr machen. Aber damals fürchtete ich mich vor dem unbekannten Riesen. Er hatte eine große schräge Rampe an der Seite, die extra für mich heruntergelassen war. Die beiden Männer zogen mich in diese Richtung. Das war mir dann doch unheimlich und ich stieg kerzengrade in die Höhe, versuchte ihnen den Strick aus der Hand zu reißen, an dem sie mich festhielten. Ich hatte plötzlich solche Angst und wieherte nach meiner Mutter, die laut und verzweifelt antwortete. Ich wollte nur zurück zu Alina in meine gewohnte Box! Wenigstens kam jetzt Anna dazu. Die Welt schien wieder in Ordnung und ich beruhigte mich. Sie würde mich jetzt zu Alina zurückbringen und dann wäre alles wieder gut. Und wie schön, sie hatte einen Futtereimer in der Hand, wie immer, und hielt ihn mir vor die Nase. Alles um mich herum war vergessen, und ich hatte Lust, meine Nase in den Eimer zu tauchen. Also folgte meine Nase dem Eimer und schwups, schon hatten sie mich ausgetrickst. Eimer und ich waren im Transporter! Bevor ich mir dessen bewusst war, hatte man mich auch schon angebunden, und die Tür wurde mit einem lauten Knall geschlossen. Danach herrschte Stille. Fressen wollte ich nun auch nicht mehr, ich war verwirrt. Ein letztes Wiehern, eine letzte verzweifelte Antwort von Alina und der Lkw schaukelte mit mir vom Hof. Ich schwitzte vor Angst und war völlig durcheinander. Die Fahrt dauerte eine Ewigkeit. Durch ein Fenster konnte ich nach draußen schauen und sah die Landschaft an mir vorüberziehen.

Mein Ziel war dann gar nicht so schlecht. Auch wenn ich schreckliche Sehnsucht nach meiner Mutter, unserer warmen Box und nach Anna hatte, so gewöhnte ich mich in den nächsten eineinhalb Jahren an die gleichaltrigen Hengstfohlen, zu denen man mich gebracht hatte. Wir waren Tag und Nacht draußen. In der Herde spielten und kämpften wir miteinander. Nachts drängten wir uns eng zusammen, Füchse schlichen über unsere Weide auf der Suche nach Nahrung und eine Eule schwebte geräuschlos über unsere Köpfe hinweg. Menschen sahen wir nur, wenn sie nachschauen wollten, ob es uns gut ging, und die großen Wassereimer füllten, damit wir zu trinken hatten. Ich fand schnell Freunde. Alina und Anna gerieten immer mehr in Vergessenheit.

Als ich zwei Jahre alt war, kamen die Menschen wieder. Sie befestigten ihre Stricke an unseren Halftern und führten uns in große Laufställe. Sie kümmerten sich jeden Tag um uns. Sie gaben uns Futter und Streicheleinheiten. Sie lobten uns, wenn wir verstanden, was sie uns beibrachten, und sie wurden unsere Freunde. Immer, wenn sie kamen, passierte irgendetwas Spannendes. Als ich drei Jahre alt war, legten sie mir das erste Mal ein Zaumzeug an. Einfach so hatte ich eine Trense zwischen den Zähnen und kaute darauf herum.

Ich hatte noch keine Ahnung, wofür die gut sein sollte, aber sie tat ja nicht weh. Und einfach so legten sie dann einen Sattel auf meinen Rücken, und ich lernte schnell, so angezogen wie ich war, an einer langen Longe immer im Kreis zu laufen. Im Schritt, Trab und Galopp, der mir übrigens am meisten Spaß machte, lief ich um einen Menschen herum, der in der Mitte stand und sich nur auf mich konzentrierte. Wir waren dabei ein Team, das miteinander arbeitete und lernte. Schnell hatte ich auch verstanden, was seine Stimme mir sagen wollte, und ich richtete mich ganz danach aus. Manchmal wollte die Stimme, dass ich ruhig bleibe, und manchmal trieb sie mich an. Das zu verstehen, war nicht schwer.

Schwieriger wurde es erst später. Ich hatte ja schon oft gesehen, dass meine älteren Artgenossen die Menschen auch auf sich herumtrugen. Ich hatte nur nicht verstanden, warum sie das taten. Das erste Mal, als einer dieser Menschen sich vorsichtig auf meinen Rücken setzte, war ich also nicht erstaunt. Ich versuchte, mein Gleichgewicht zu halten. So, wie bei den ersten Schritten, die ich nach meiner Geburt versucht hatte. Ich erinnere mich noch sehr genau, dass ich kurz darüber nachdachte, den Menschen da oben auf meinem Rücken wieder loszuwerden. Aber Angst hatte ich eigentlich nicht. Ich lauschte seiner Stimme, die ich kannte und der ich vertraute. Ich spürte den Druck seiner Beine, die Bewegung seines Rückens. Sie gaben das Tempo an. Etwa vom Schritt in den Trab oder vom Trab in den Galopp. Ich hatte nicht immer Lust, den Kommandos der Menschen Folge zu leisten. Schließlich aber wollte ich doch lernen und war neugierig auf das, was als Nächstes kam.

Die Frage, ob ich die Menschen tragen wollte, stellte sich mir schnell nicht mehr. Ich hatte Spaß daran und war sogar stolz, immer sicherer und besser auf den Beinen zu werden. Ich lernte, die Signale der Zügel, die mich lenkten, der Beine, die mich bogen, den Druck im Rücken, der mich langsamer oder schneller laufen ließ, zu verstehen. Schwierig wurde es allerdings, wenn von meinem Reiter alles gleichzeitig eingesetzt wurde. Dann richtete ich mich auf, bog stolz meinen Hals und hob die Beine noch höher, als ich das normalerweise tat. Das war sehr anstrengend, und mein Reiter lobte mich dann ganz besonders, wenn ich das geschafft hatte. „Brrraaav“, sagte er dann und klopfte mir den Hals.

Meine Begabung lag in der Dressur. Springen fand ich aber auch spannend. Es fiel mir leicht, die bunten Stangen zu überspringen, die die Menschen vor mir aufbauten. Zuerst bin ich ohne Reiter gesprungen. Die Menschen nennen das Freispringen. Da konnte ich mein Tempo selbst bestimmen oder auch mal stehen bleiben, wenn ich das Gefühl hatte, es passt nicht. Nachher, mit dem Reiter im Sattel, bin ich seinen Hilfen gefolgt und lernte schnell, wie man das macht, dass alles passt. Die Dressur jedoch, bei der ich mit meinem Reiter tanzen darf und meine Bewegungen schwungvoll und sehr elegant aussehen, hat mich immer mehr begeistert. Doppelbegabung, haben die Menschen immer zu mir gesagt. Und die vielen neuen Lektionen, die mir meine Reiter mit viel Geduld über die nächsten Jahre beibrachten, haben mich zu dem gemacht, was ich heute bin.

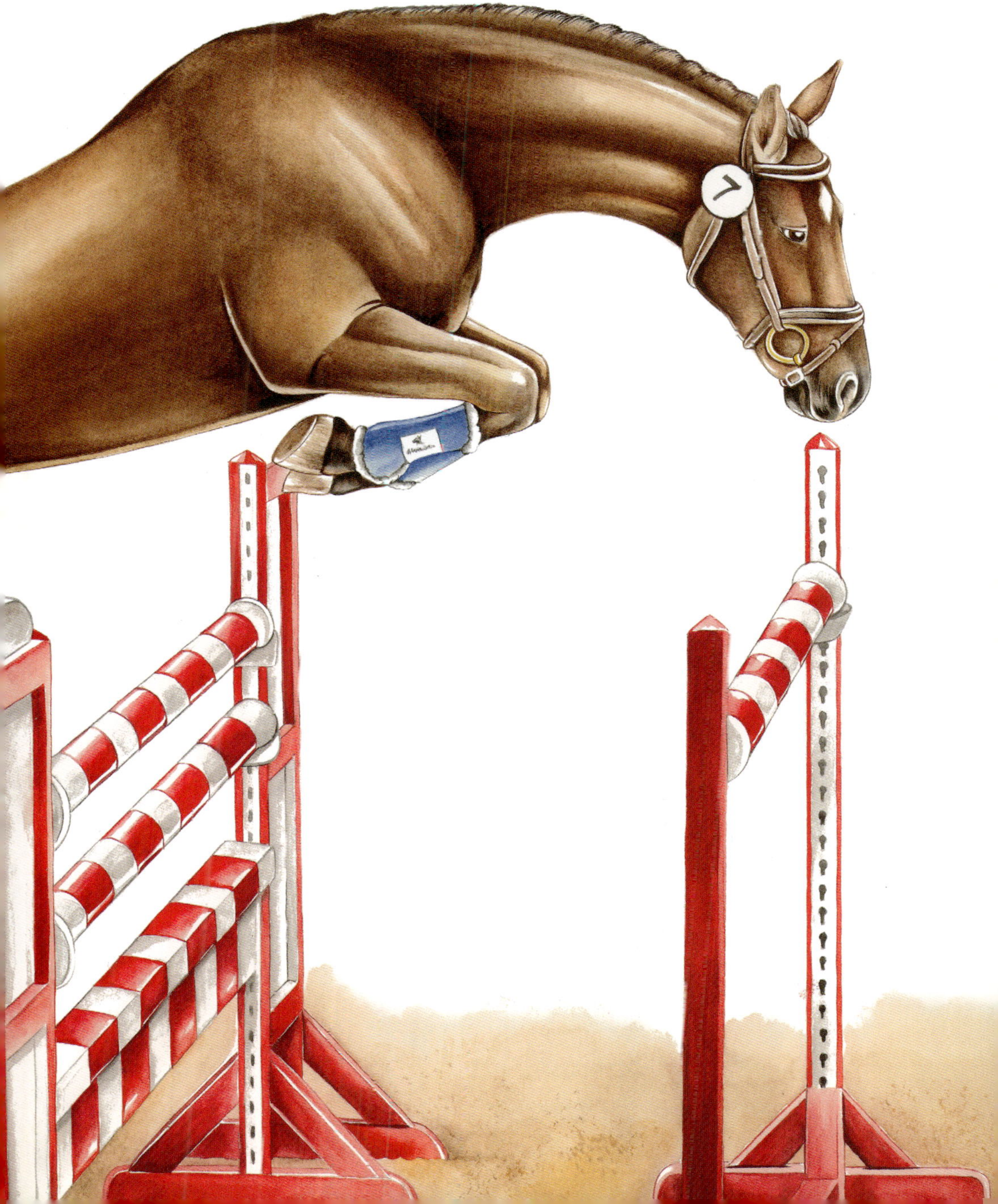
7

Eines Tages flochten sie mir die Mähne ein und striegelten mein Fell, bis es glänzte. Dann fuhren sie mit mir an einen fremden Ort zur Körung. Dort werden die besten Hengste unter uns ausgesucht, die dann in die sportliche Ausbildung gehen und viele Fohlen haben werden. Wieder sollte ich mit meinen gleichaltrigen Hengstgenossen vor mehreren Richtern lostraben und galoppieren. Ich war so aufgeregt! Die Erinnerung an Alina, Anna und die Fohlenschau war wieder da. Also strengte ich mich an und zeigte mich von meiner besten Seite. Meine Artgenossen, die gegen mich antraten, hatten keine Chance: Ich war der Beste!

Wieder bekam ich eine riesengroße Schleife hinters Ohr gesteckt. Und wieder drehte ich meine Ehrenrunde bei schöner Musik und lautem Applaus. Wo die Musik herkam, die ich hörte, weiß ich nicht, aber ich liebte sie.

I. PREIS